**장학사는 처음이라**

**처음이라 6**

## 장학사는 처음이라

**1판 1쇄 발행** 2025년 7월 25일
**글쓴이** 이광국 | **제작후원** 김용석 | **펴낸이** 임중혁 | **펴낸곳** 빨간소금
**등록** 2016년 11월 21일(제2016-000036호) | **주소** (01021) 서울시 강북구 삼각산로 47, 나동 402호
**전화** 02-916-4038 | **팩스** 0505-320-4038 | **전자우편** redsaltbooks@gmail.com
ISBN 979-11-91383-59-1(03370)

• 책값은 뒤표지에 있습니다.

# 장학사는 처음이라

**교육청에 들어가서 알게 된 것들** 이광국 지음

## 추천사

 이 책은 입시 경쟁 교육을 해소해 학생들이 웃는 모습으로 학교생활하는 것을 꿈꾼 이광국 선생의 치열한 고투기입니다. 이광국 선생은 대학 재학 중에도 순수하고 정의감이 있었습니다만, 교직에 나가서 더욱 큰 대한민국의 교사가 되었습니다. 그는 밤하늘의 별을 헤아리는 마음으로 일선 교단과 교육청을 넘나들며 학생 인권과 교권이 대립하는 것이 아님을 주장하고 민주적인 학교 문화 정착을 위해 애쓴 선생님으로, 교사로서는 참교육 실천을 위한 전교조 활동을 하고 교육청의 장학사가 되어서는 경쟁 교육 해결을 위해 뜻있는 장학사들과 함께 전국장학사협의회를 조직한 교육행정가로, 나라가 수렁으로 빠져 가던 2024년 11월에는 한 사람의 교육자로서 양심의 소리를 외면할 수 없어 윤석열 퇴진을 촉구하는

〈현직 장학사 1인 시국 선언〉을 발표한 용기 있는 지성인으로, 바른 교육과 정의로운 사회를 위해 힘든 길이라도 누군가는 가야 하고 또 누군가는 목소리를 내야 한다고 믿고 실천한 자유인으로 살아왔습니다. 이렇게 치열하게 살아온 이광국 선생의 진실한 기록을 읽으며 우리는 삶에 대해 성찰하게 됩니다.

• 김영(인하대 명예교수, 민주사회를위한지식인종교인네트워크 공동대표)

나는 이광국 칼럼의 독자다. 복잡하고 다사다난해진 교육 현장의 문제들에 대해서 그는 날카로운 시각과 마치 실타래를 풀어 가려는 자세로 칼럼을 쓰고 있다. 그의 날카로운 지적과 제언이 하나하나 풀려 갔으면 좋겠다. 그는 내가 대법원의 최종 판결을 앞두고 있을 때 150여 명의 교장, 교감, 장학사와 함께 탄원서에 서명해서, 보수 진영으로부터 공격받는 곤욕을 치렀다. 장학사가 시국 선언을 한다든지, 교육부나 교육청과 다른 목소리를 내는 것은 쉽지 않다. 하지만 견해의 다양성은 학교, 가정, 교육기관, 회사, 국가 등 단위 조직의 민주주의를 위해 꼭 필요하다. 그의 행동은 여러 의견이 교육청 안에서 공존할 수 있다는 것을 보여 주었다. 그리고 우리 교육과 사회가 기로에 놓였을 때 교육자는 어떤 길을 가야 하는지 시사점을 제공했다. 함께 길을 걷는 것은 쉽지만 혼자 걷는 것은 그보다 어려우며, 없는 길을 새로 내는 것은 가장 힘들다. 그는 평교사이자 활동가로서 고군분투하며 이 참혹한 '경쟁 교육'을 해소하기 위해 새로운 길을 내보려 하고 있다. 이 책에는 그 길을 작게라도 만들어 마침내 함께 가는 큰 길이 되기를 소망하는 그의 노력이 기도처럼 담겨 있다.

• 조희연(제20~22대 서울시교육감)

숨 가쁘게 읽었다. 저자가 살아 낸 삶의 속도에 맞춰 함께 뛴 기분으로 숨을 고른다. 겪은 일만 썼고, 풀기 어려운 교육 난제들이 즐비한데도 독자의 가슴을 마구 부풀게 한다. 국어 교사에서 장학사로, 다시 아이들과 운동장을 뛰는 체육 교사로 학교 현장을 호흡하는 그가 우리 교육의 맥박을 뛰게 할 급소 곳곳을 깊게 찌른다. 발로 쓴 글들이 입시 경쟁 교육에 심폐소생술처럼 선한 충격이 되겠다.

• 임병구(인천교육연구소 이사장, 전 전교조 인천지부장)

모든 걸 걷어내고 담백하게 살아가는 삶의 모습을 만난다. 수많은 주저함 속에서도 늘 한결같이 자기다운 결정으로 뚜

벅뚜벅 새길을 열어 가는 한 인간에 대한 경외와 존중으로 '자기'를 돌아보게 만든다. 소중하다.

• 김영삼(성수중학교 교장, 전 서울시교육청 장학관)

처음 이광국 샘과 장학사직장협의회를 시작하면서 그의 교육과 사람을 향한 '진(眞)국'을 맛보았다. 이 책의 초고를 읽으며 역시 '광국=진국'이라고 더욱 확신했고, 그의 다이내믹한 행보는 '공의를 위한 변화'라는 길 위에 초대된 이유 있는 걸음이라고 생각했다. 이 책은 마치 신생아가 그의 유일한 숨구멍인 탯줄이 끊어지는 순간에 터진 '자가호흡'과 같고, 울음이 터지도록 등을 치는 이유 있는 '세상의 터치'와 같다. 이광국 샘이 책에서 말한 "묵은 길 위에 새길을 내는 것"은 진보하는 교육을 위해 반드시 거쳐야만 하는 자가호흡이라고 생각한다. 그래서 벌새와 같이 이광국 샘이 만들어 가는 부지런한 새길(날갯짓)을 응원하지 않을 수 없다.

• 김수희(백석고등학교 교감, 전 인천시교육청 장학사)

저자의 첫 파견교사 시절부터 다시 학교 교사로 전직할 때까지 나는 그의 좌충우돌 이야기 안에 함께 있었다. 사적인 친분보다는 사회활동가로 지향점이 같던 동지에 가깝다. 일로 만난 사이로 어떻게 일해야 할지 토론하고 때론 토로하는 사이다. 그는 열정적인 돈키호테를 연상하게 하고 추진력은 불도저 같다. 나는 지치지 않고 순수함을 잃지 않는 그를 보며 그에게 들어 있는 나를 보았다. 그와의 대화 속에는 처음 그때의, 초심을 잃지 않고 깨어 있기 위한 수많은 시간이 있었다. 우리는 나름으로 영향력 있는 미관말직에 보람을 느끼며, 또 서로 기대며 힘을 냈다. 에리히 프롬이 말한 '깨어 있는 이상주의자'를 우리는 함께 꿈꾸었다. 아니, 지금도 꿈꾸고 있다. 저자가 먼저 걸어간 길 뒤로 드리운 긴 그림자를 따라 그 길에 동행하려는 예비 장학사나 가능성이 희박한 일에 도전하고자 하는 이상주의자라면 이 책 읽기를 권해 본다. 처음 가는 길이 외롭지 않을 것이다.

• 김윤희(인천시교육청 장학사)

  장학사 노동조합을 만들려고 했다고? 장학사가 1인 시국선언을? 장학사직을 내려놓고 다시 체육 교사로 돌아왔다고? 그의 삶이 만들어 낸 뉴스는 늘 귀를 의심하게 했다. 어떤 이들은 고개를 갸웃했고, 어떤 이들은 의구심으로 그를 조용히 지켜봤다. 나도 그중 한 명이다. 하지만 그는 학교에 있든, 교육청에 있든 한결같이, 절실하게, 단 하나의 방향을 향해

걷고 있었다. 우리 교육의 가장 고질적인 병폐, '입시 경쟁 교육'이라는 암 덩이를 도려내겠다는 신념, 그는 그 신념을 말이 아니라 행동으로 증명해 왔다. 이 책은 그 신념과 행동의 궤적을 따라가게 해 주는 친절한 안내서다.

• 현경희(전교조 편집실장, 인천 만수고 교사)

이광국 선생과는 1994년에 만났으니 30년이 넘는 시간을 '함께'했다. 수사적인 표현이 아니라 정말 함께했다. 같은 시간대에 같은 시간을 함께 살아왔지만, 그의 길은 달랐다. 정규 교육과정 외 학습 선택권 보장(강제 야간 학습 금지) 조례를 제정할 때도, 교육청으로 갈 때도, 시국 선언할 때도. 하지만 그의 선택이, 그의 삶이 잘못될 것이라는 생각을 단 한 번도 한 적이 없다. 이광국은 옳았고, 옳다, 그리고 옳을 것이다.

• 김영석(신흥중 교사, 《다시 혁신학교》 공저자)

이광국, 그는 괴짜 장학사다. 윤석열 퇴진을 요구하는 '나 홀로' 시국 선언을 발표하고, 교육감들에게 공개편지를 마구(?) 쓴다. 그가 다시 평교사가 되었다. 스스로 원해서다. 이것 또한 유례가 없는 일이다. 이런 그가 이번엔 책을 냈다. 살펴보니 평범한 장학사나 교사는 말할 수 없는 엄청난 내용이다.

이 책 내용도, 이 선생님의 인생에 대해서도 기대해도 좋다. 그는 학생들의 행복과 사랑을 먼저 생각하는 진짜 선생님이니까.

• 윤근혁(〈교육언론 창〉 기자)

## 책을 펴내며

약 10년 전부터 전국교직원노동조합(전교조)의 많은 활동가가 이른바 진보교육감 당선 지역에서 파견교사 또는 장학사가 됐다. 그즈음 나도 교육 운동으로 해결하지 못한 학생들의 입시 고통을 교육행정으로 할 수 있지 않을까 하는 기대를 안고 교육청에 들어가서 파견교사와 장학사로 7년을 일했다. 그동안 해결책을 찾았을까? 이 책은 그것을 찾는 과정에서 내가 품고 겪은 희망과 좌절, 그리고 새로운 도전에 관한 기록이다.

교육청에 있을 때 함께 근무하는 동료에게 입시 경쟁 교육 해소를 위해 장학사노동조합을 만들고 싶다고 말한 적이 있었다.

"그럼, 그 이야기를 책으로 내 보세요!"

그의 권유로 이 책을 쓰기 시작했다. 출판사와 상의해 결정한 첫 제목은 '교육청 사람들'이었다. 하지만 막상 장학사노동조합과 관련한 실무를 시작하니 내 앞가림도 벅찼다. 너무 바빠서 동료들의 사연을 풀어낼 틈이 없었다. 글은 내 뜻대로 흘러가지 않았다. 그렇게 시간은 흘러, 어느새 나는 풋내기 장학사에서 선임 장학사가 됐다. 비로소 교육청의 생리와 장단점이 보이기 시작했다.

분주하게 장학사직장협의회를 꾸려가던 어느 날, '서이초 사건'이 발생했고 나는 교육부의 불통 행정에 반기를 들었다. 입시 경쟁 교육 완화 노력을 촉구하는 편지를 전국 17개 시도 교육감에게 보내기도 했다. 대통령의 부정과 무능으로 사회 각 분야가 망가지고 있을 때는 〈윤석열 퇴진 현직 장학사 1인 시국 선언〉을 했다. 이 일과 별도로 나는 그 뒤 장학사를 그만뒀고, 다시 선생님이 됐다.

3년 전 시작된 이 책의 출간은 하염없이 미뤄졌다. 쓴 글을 다듬고, 지우고, 다시 쓰는 일을 반복했다. 초고를 쓴 시간보다 수정한 시간이 훨씬 더 길었다. 그러던 어느 날 깨달았다. 그렇게 수정하는 하루하루가 곧 초심으로 향하는 여정이었음을. 처음에 왜 선생이 되려 했고, 왜 장학사가 되려 했으며, 왜 다시 선생의 길을 가는가? 어떻게 살아야 하나? 이 책은 '마지막'으로 다시 만들어진 '처음'에 관한 이야기다.

글에 대해 조언하고 출판사와 인연을 맺어 준 안민영 선생님, 동고동락한 이야기를 담아 주신 김영 교수님과 조희연 전 교육감님 등 추천사를 써 주신 분들, 그리고 건조한 직장 생활 이야기에 불과한 이 책을 소중한 시간을 내어 읽어 줄 독자들께 감사의 인사를 전한다.

이 밤 지나면 내일 오듯이
마지막은 다시 처음이라
우리의 삶도
언제나 처음처럼
다시 빛날 거예요

2025년 7월
이광국

| 차례 |

추천사     4
책을 펴내며     11
프롤로그 나는 누구, 여긴 어디?     16

# 1부
# 교육청에 파견 가다

시인의 마을     22
학교 업무 정상화     27
정책 사업 정비     39
광장토론회     49
전교조 출신 장학사     56
첫눈처럼 체육이 내게로 왔다     65

## 2부
# 장학사가 되다

| | |
|---|---|
| 공모 사업 혁신운영제 | 74 |
| 업무 핑퐁 | 85 |
| 장학사직장협의회를 만들다 | 100 |
| 서이초 사건 | 110 |
| 학생 인권이 좋아, 교권이 좋아? | 118 |

## 3부
# 교육지원청으로 발령받다

| | |
|---|---|
| 성과상여금 제도 | 128 |
| 전국소년체전 | 135 |
| 지역 교육청 차원에서 할 수 있는 일이 아니야 | 142 |
| 교육감에게 쓰는 편지 | 153 |
| 시국선언과 세종시교육감의 답장 | 165 |
| 뜻밖의 계기 교육 | 176 |
| | |
| 에필로그 아무도 끝까지 가 본 적 없는 길 | 185 |

프롤로그

# 나는 누구,
# 여긴 어디?

 모자 없는 스머프를 상상할 수 없듯이 교육청 사무실에서 모자 쓰고 일하는 장학사를 상상하기란 쉽지 않다. 머리카락이 하나도 없어서 어쩔 수 없었지만, 공식 행사 때는 때때로 양복을 입어야 해서 동료 직원들은 그런 나(의 머리)를 보고 당황하는 것 같았다. 양복을 입더라도 모자를 쓸 걸…. 1952년에 교육청이 처음 만들어졌다고 하니, 그 뒤 70년이 넘는 동안 교육청에서 모자를 쓰고 일한 사람이 또 있었다면 마음만이라도 반가울 듯했다.

 2018년 7월에 교육청으로 첫 출근을 앞두고 삭발했다. 이명박·박근혜 정부의 전교조 법외노조화 시도가 대법원과의 재판 거래로 진행됐다는 의혹이 세상에 나왔다. 박근혜 정부 당시, 대법원이 상고법원 도입 강행을 위해 전교조 법외노조

통보 처분 취소소송 등 3개의 사건에 대해 청와대의 입맛에 맞는 판결을 하고자 했다는 것이다(7년이 지난 2020년 9월에 법외노조 처분은 대법원에서 최종 무효 판결을 받아 전교조는 법적 지위를 회복했고, 해직된 34명의 전교조 선생님은 전원 복직 판결을 받았다). 당시 부당함에 많은 사람이 저항했고, 나도 동참했다. 내 교육청 업무는 그 직후 시작됐다.

20년 남짓한 나의 국어 교사 경력은 교육청에서 처음 겪는 어려움을 극복하는 데 도움이 되지 않았다. 그때 나는 금액이 10,000,000원을 넘으면, 맨 오른쪽 숫자부터 손가락으로 짚으며 "일십백천만십만…"을 중얼거려야 읽을 수 있었다. 그런 내게 1,000만 원, 또는 1억 원 단위 이상의 숫자가 적혀 있는 엑셀 파일의 예산서를 2,000쪽이 넘는 사업설명서와 대조하며 검토하는 일이 첫 업무로 주어졌다.

교육청에 와 보니 근무자가 수백 명은 돼 보였다. 주로 '장학사'로 불리는 교육전문직과 '주무관'으로 불리는 교육행정직으로 구성돼 있었다. 대개 장학사는 교육정책 사업을 운영하며, 주무관은 예산과 사무 등 교육행정 실무를 수행한다. 하지만 업무가 명확히 나뉘는 것은 아니다. 처음에는 누가 무슨 일을 하는지 알기 어려웠고 생각할 겨를도 없었다. 게다가 나는 장학사도 주무관도 아니었다.

나는 파견교사로 교육청 생활을 시작했다. 장학사 역할을 임시로 수행하는 사람이 파견교사다. 장학사가 아닌데 장학사로 불린다. 파견교사를 대신해서 기간제교사를 채용해야 하므로 소속 학교에는 굉장히 미안한 일이다. 교육청에서는 내부 직원이 아니기 때문에 대개 조직도 맨 끝에 자리한다. 설사 학교에서 존경받는 스승이었다 하더라도 교육청에서는 생소한 행정 업무에 갈팡질팡하는 초보 실무자일 뿐이다. 교육청은 시도마다 한 개의 본청과 지역별로 여러 개의 교육지원청, 그리고 직속 기관이 있다. 본청처럼 규모가 큰 기관에서 파견교사는 스치듯 지나가는 사람으로 여겨지기도 한다. 이래저래 이방인이자 경계인이다.

흔히 교육청 파견 근무는 장학사가 되기 위한 교두보라는 인식이 있다. 승진을 원하는 사람에게는 파견교사 근무가 가산점 획득 등 유리한 점이 있고, 그 뒤 장학사가 되면 자신이 평교사로 돌아가겠다고 하지 않는 한 교감, 교장이 사실상 자동으로 된다(물론 장학사가 되지 않아도 교감, 교장 승진은 가능하다). 열심히 일하는 사람이 승진하는 것이야 장려할 문화지만, 교육계에는 약간 다른 사정이 있다.

'장학사' 하면 떠오르는 이미지가 '청소하게 만드는 사람'이었던 권위주의 시대는 확실히 지났다. 다만 지방 교육행정

기관의 실무자로서 단위 학교에 대한 장학 권한을 가지므로, 교육부-교육청-학교로 이어지는 관료 조직의 업무 체계에 조응할 수밖에 없을 때가 많다. 최근에는 학교 자율성과 민주적 학교 문화를 위한 지원자 역할이 장학사에게 강조되지만, 장학사도 학교도 여러 측면에서 어려움을 겪고 있다.

왜 그럴까? 나는 그 근원에 경쟁 교육이 자리 잡고 있다고 생각한다. 이건 나만의 진단이 아니다. 한국 교육계에 몸담은 사람이라면 이와 관련해 쏟아낼 이야기가 산더미일 것이다. 학생들 간의 학습 경쟁만이 문제가 아니다. 교직원 사회의 차등 성과급, 승진 체계, 문화·사회·주거 등에 따른 심리적 경쟁 또한 만만찮다.

어쨌거나 모종의 어려움들이 있을 것이라고는 상상하지 못한 채 나는 마치 호랑이굴과도 같은 교육청에 들어갔다.

# 1부
# 교육청에 파견 가다

# 시인의
# 마을

첫 기억은 언제나 선명하다. 많은 에피소드가 흐르는 강물처럼 잊혀 가도, 교육청에 처음 발 디뎠을 때 누군가가 내게 건넨 한마디는 그 강에 던져진 묵직한 돌처럼 뇌리에 깊이 박혀 있다.

"이곳은 자기 일 자기가 하는 곳입니다."

언제 내 일 해 달라고 했나? 본격적으로 일하기 전이었으니, 현실을 있는 그대로 표현한 충고라고 좋게 생각했다. 다만 다음과 같은 한마디였다면 일을 시작하는 마음이 조금은 더 행복했을 것이다. '이곳은 어려울 때 서로 돕는 공간입니다. 언제든지 물어보세요. 그리고 함께해요.'

이제 시작이다. 외로움에서 비롯한 긴장감은 처음에만 잠시 느꼈을 뿐이다. 일을 시작하기 무섭게 한여름 폭우처럼 민원이 쏟아졌다. 잦은 새벽 퇴근도 그렇지만 정신적으로 힘들었는데, 당시에는 아무 느낌이 없었다. 정말 힘들 때는 힘듦을 느낄 틈조차 없다는 사실을 그때 알았다. 힘들다는 생각은 조금이라도 시간이 지난 뒤 과거를 돌아보는 시점에서 드는 착각일 뿐이다.

민원과 새벽 퇴근 다음으로 힘겨운 것은 '줄임말'이었다. 말은 우리말이었으나 곧바로 알아듣지를 못했다. 어느 집단이나 그들끼리의 은어가 있다. 은어는 새로 그 집단에 속한 사람에게는 진입 장벽이다.

"예질 제출해 주세요."

"삼세에 집어넣지 마세요."

"2추 신청 마감이 다음 주입니다."

어쩌라는 거지? 복장이 터질 노릇이었다. 알고 나면 아무것도 아닌 말들인데 말이다.

사무실에는 친절한 동료들이 많았다. 다만 모두 바빠 보였다. 멀리서 보면 사무실의 30~40명이 아무 일 안 하는 것 같지만, 가까이 다가가면 모니터 안에서 각자 맡은 업무와 전쟁을 치르고 있었다. 쉽게 물어볼 수 없었다.

'예질'은 예상 질의와 답변의 줄임말이다. 예질을 제출해 달라는 말은 시의원, 기자 등에게 고위 간부가 브리핑할 때

필요한 현안의 예상 질문과 그에 대한 답변 시나리오를 준비하라는 뜻이다. '삼세'는 예산의 항목별 위계로, 가장 상위의 세부 영역을 1세부 사업 예산, 그다음을 2세부, 3세부…의 형식으로 표현한 줄임말이다. 따라서 삼세는 3세부 사업 예산이다. 가령 '정책 기획 업무(1세부)'라는 예산 항목의 하위에 '토론회 운영(2세부)'이라는 항목이 있고, 그 안에 다시 '운영비(3세부)', 다시 그 하위에 '간식비(4세부)' 등으로 위계화된다. 이것은 뒤에 이야기할 정책 사업 정비 업무와 맞물려 예산 운용상 정교하고 체계적으로 짜여 있어야 한다. '2추'는 제2추가경정예산을 가리킨다. 보통 교육청의 본예산은 전년도 11월에 편성된다. 하지만 해당연도에 본예산과 별도로 추가 예산이 필요할 때가 있다. 이때 두 번째로 편성하는 추경예산을 말한다.

한동안 '갑교', '을교'도 무슨 말인지 몰랐다. 갑교는 본청, 을교는 교육지원청을 가리키는 수신처 기호다. 가령 '갑교03'은 본청의 중등교육과, '을교02'는 북부교육지원청, 이런 식이다. 학교에도 고유한 기호가 있다. 서다01, 서다02, 서다03…. 보통 기관을 설립한 순서대로 수신처 기호의 번호를 부여하므로, 숫자가 클수록 최근에 만들어진 기관이다.

'부감님'은 부교육감, '감님'은 교육감을 가리키는 줄임말이다. 학교에서는 교장이 가장 높은(?) 사람이고 교감이 두 번째인데, 교육청에서는 교육감이 수장이고 교육장은 본청의 하급 기관인 교육지원청의 장이다. 학교와 교육청의 '장(長)'과 '감(監)'의 상하 관계가 서로 엇갈린다.

그 밖에도 새롭게 공부해야 할 용어들은 많았다. '사고이월, 국정과제, 지방재정교부금, 주요업무계획, 성인지예산, 역점정책⋯.' 밀려드는 정책과 실무에 갑자기 국어 수업이 그리웠지만, 추억은 기억 저편의 낭만일 뿐이었다. 학교에 보낼 공문 작성을 위해 한참을 바삐 일했다.

## 공문의 영향력

학교에 근무할 때는 내가 작성한 공문의 영향력이 그렇게 크지 않았다. 주로, 교육청에서 요구하는 제출 사항을 회신하는 성격이므로 수신처가 여럿인 경우가 거의 없었다. 그런데 교육청, 그것도 본청에서 일하니 내가 생산한 공문이 500여 개 학교에 동시다발적으로 발송됐다. 상당히 떨렸다. 한 글자라도 오타가 있을까 전전긍긍하지 않을 수 없었다. 오타는 그럴 수 있다 치자. 내용에 오류가 나면 이것을 되돌리기는 참으로 난망하다.

공문을 잘못 보내 교육청 업무 담당자가 학교 현장으로부터 많은 전화를 받는 일이 가끔 일어난다. 명확하고 정제된 행정 용어에 기반한 의사 전달은 공문 작성에서 필수다. 공문 성격에 따라 민감한 내용이 들어 있거나, 기본 계획 등 주요 정책의 지침이 되는 사항을 첨부해서 보낼 때는 더욱 신경 써야 한다. 빨간펜 자국이 새까맣게 될 때까지 틀린 것이 없나 한 글자 한 글자 문서를 확인하다 보면, 교육청이 '시인의 마을'처럼 느껴진다.

그 시인의 마을에 그해 어느 여름날, 1학기 때 내게 국어를 배운 제자들이 삼삼오오 찾아왔다. 국어 수업 시간이면 서로 주먹을 불끈 쥐고 영화 〈세 얼간이〉에 나오는 "올이즈웰(All is well, 모든 일은 잘될 거야)"을 외치며 아이들과 한창 친해지고 있었는데 교육청으로 발령받았다. 그들에게 미안한 마음이 컸다. 또 함께 활동했던 전교조 선생님들도 찾아왔다. 하지만 이제는 동료로서가 아니라 사용자와 노동자로서였다.

처음 교육청에 들어왔을 때, 이곳을 살벌한 입시 경쟁 현장에서 봄이 오도록 만들어야 하는 '빼앗긴 들'과 같다고 생각했다. 그러나 막상 일을 시작하니 그것은 사치스러운(?) 생각이었다. 내게 주어진 일을 처리하는 것만으로도 숨이 막힐 지경이었다. 내게도 과연 업무의 봄은 찾아올까?

# 학교 업무 정상화

 파견교사로 발령받은 첫해에 내가 맡은 업무가 아주 많았다는 사실을 한참 뒤에 알았다. 신규 직원은 어느 조직에서나 그렇다 싶다가도 업무가 낯선 사람에게 지나치지 않았는지 하는 생각이 들었다. 일도 서툴렀고, 누가 시키지 않는데 내가 더 하겠다고 나설 때도 있었다. 아무튼 호된 신고식이었다. 그 덕분에 교육청 업무를 짧은 시간에 더 많이 배웠다고 위안을 삼는 수밖에.

 그 업무들을 크게 분류하면 '학교 업무 정상화', '정책 사업 정비', '토론회 운영'이다. 그중 학교 업무 정상화가 내가 맡은 첫 일이었다. 원래 '교원 행정 업무 경감'이라는 교육부 국책 사업을 17개 시도 교육청별로 학교 업무 정상화, 학교 업무 합리화, 학교 업무 효율화, 학교 업무 최적화 등 다양한 정책

이름으로 구체화한 것이다. 도대체 학교 업무가 무엇이길래 이렇게 온갖 좋은 말을 갖다 붙일까 싶다. 학교 현장에서는 지금도 학교 업무를 정상화해야 한다는 요구가 높기도 하고 취지가 왜곡되기도 한다. 본질적으로 학교 업무는 무엇이어야 하는가에 관한 근본적 질문인 셈이다.

교육계에는 '교직원'이라는 말이 있다. 언뜻 교사를 떠올리게 된다. 틀린 연상은 아니지만, 학교의 교직원이 학생을 가르치는 교사로만 구성돼 있다고 생각하면 오산이다. 교원에는 수업 때 들어오는 교사뿐 아니라, 보건실, 상담실, 진로진학실, 급식실, 도서관, 과학실, 특수학습 등에서 일하는 교사가 있다. 직원으로는 교육행정직원, 교육공무직원 등이 있다. 이 교직원을 아우르는 상위 개념인 '학교 구성원'은 학생, 교직원, 학부모 등 교육 3주체를 가리킨다. 최근에는 마을교육공동체에 관한 논의가 활발해지면서, 지역 주민과 지자체 등 학교와 직간접으로 연결된 좀 더 폭넓은 교육 구성원 개념이 나타나기도 한다. 이렇게 학교는 다양한 사람들이 모여서 살아가는 작고도 큰 사회다.

그렇다면 학교 업무도 직종별로 제각각 고유한 영역이 있을 수 있다. 가령 학생 교육활동은 교원의 업무, 교육활동에 필요한 각종 행정·시설·예산 지원은 직원의 업무라고 해 보

자. 이들 업무를 명확히 나누는 것은 어떻게 가능하며 어떻게 가능하지 않을까?

## 교사의 방학 일직성 근무 폐지

교육청에 처음 들어왔을 때 긴장할 틈도 없이 무수히 받은 민원의 요지는 다음과 같다.

- 교원: 교사의 방학 근무조 운영을 폐지하라.
- 직원: 교사의 방학 근무조 운영을 폐지하지 말라.

교원은 교사의 방학 중 근무조를 폐지하라고 민원을 보내고 학교 관리자와 직원은 유지하라고 민원을 보냈다. 같은 사안이지만 민원 내용은 정반대. 이에 나는 방학 중 학생 교육활동과 관련한 근무를 교사가 수행하되, 화재, 도난, 보안 점검, 학교일지 작성, 학교 시설 관리 등의 일직성 업무에 대해서는 방학 중 근무조 운영을 폐지하는 공문을 보냈다. 균형 있는 조정안이라 기대했으나 오판이었다. 오히려 민원은 양쪽에서 폭발적으로 늘어났다.

딸이 어릴 때 다닌 어린이집 이야기다. 어린이집 원장 선생님은 아이들을 헌신적으로 기르치고 길렀다. 아파트 단지 안에 있는 어린이집이었으므로, 퇴근할 때면 종종 놀이터에서 아이들을 돌보는 원장 선생님을 만날 수 있었다. 우리 아이가 원장 선생님을 참 좋아했음은 물론이다. 그런데 어린이집 선생님이 자주 바뀌었다. '어찌 된 일일까? 정말 훌륭한 원장 선생님이신데…'. 훗날 육아의 아고라라 할 수 있는 아파트 놀이터에서 부모들끼리 오간 이야기의 결론은 다음과 같다.

"그 어린이집에 내 아이는 보내고 싶지만, 선생님으로 근무하고 싶지는 않아."

아이들과 보호자들에게는 더할 나위 없이 좋은 보육 기관이 교사에게는 업무 강도가 세서 근무하기에 꺼려지는 직장이 될 수 있다는 뜻이었다. 물론 어린이집 교사에 대한 처우가 제도적으로 열악하기 때문일 수도 있었다. 사실 교육청 안에서는 이러한 모순이 내용을 달리하며 하루에도 끊임없이 발생한다.

아무튼 이럴 때 부모이기도 하면서 선생님이기도 한 사람이 있다면 어떻게 생각할까? 답은 없다. 소금 장수와 우산 장수 자식을 둔 어머니의 마음처럼 어느 쪽의 손을 들어주기 어렵다. 옳고 그름은 더더욱 없다. 다만 내가 속하지 않은 집단의 사람들 마음을 헤아리는 것, 여기에 해답의 실마리가 있을 뿐이다.

어떤 이는 아이들을 위해 교사가 힘들더라도 감내해야 한다고 말할지 모른다. 하지만 그렇게 간단한 문제가 아니다. 의욕이 앞선다 해도 지속가능성이 없으면 애초의 취지마저 사라질 수 있기 때문이다. 그렇다고 학생의 교육과정을 도외시한 채 교직원의 편함만을 지상 과제로 설정할 수도 없다. 양극단을 제외하면, 결국 학생이 질 높은 교육을 받으면서 교직원 또한 행복한 직장이 될 수 있도록 해야 한다. 이는 마치 어느 한쪽으로 치우쳐서는 안 되는 곡예사의 외줄타기와 같다. 교육청에서는 이를 '정책 조정'이라 부른다.

전국의 17개 시도 교육청에는 정책을 기획하는 부서뿐 아니라, 이를 조정하는 역할을 하는 부서가 있다. "정부나 정치단체, 개인 등이 정치적인 목적을 실현하거나 사회적인 문제를 해결하기 위하여 취하는 방침이나 수단"《고려대 한국어대사전》을 '정책'이라 하는데, 이러한 정책의 기획 못지않게 중요한 것이 '조정'이다. 그리고 이 조정의 핵심은 바로 이해 당사자 간의 균형이다. 조정이 제때 이뤄지지 않으면 당장 학생들의 생활에 미치는 파장이 크다. 따라서 학생, 교직원, 학부모 사이의 조정, 그리고 교직원 내부의 조정이 매우 중요하며, 그렇기 때문에 결코 간단한 일이 아니다. 내가 교육청에 들어와서 처음 받은 민원이 바로 이와 같이 조정이 필요한 사항이었다.

교사가 방학 중에도 짜인 근무조를 바탕으로 학교에 출근한다는 것은 무얼 의미할까? 그리고 그것을 교원이 아닌 직원은 왜 찬성할까? 사실 교사들은 이전에도 그랬고, 지금도 방학에 할 일이 있으면 학교에 나온다. 생활기록부 작성과 점검을 위해 (근무조를 편성해서 의무적으로 출근하라고 하지 않아도) 수시로 학교에 들락날락하거나 재택근무를 통해 업무를 수행한다. 교사들은 평상시에도 퇴근 뒤 밤이나 새벽까지 다음날 수업 준비를 위해 수많은 재택근무를 한다. 많은 직장이 마찬가지겠지만, 특히 학교에서는 각 학급 및 교과 업무가 끝나지 않으면 학교 업무 전체가 멈춘다는 사실을 교사들은 잘 알고 있다. 따라서 방학에도 필요한 일들을 어떤 형태로든 완료하고자 하는 학교 문화가 만들어져 있다.

교사라는 직업은 독특한 면이 있다. 업무 강도는 어떨까? 결론부터 말하면 직무 분석이 매우 어렵다. 제대로 일하기로 하면 정말 할 일이 많다. 최근 들어 논쟁이 되는 교육활동 외 업무는 차치하고라도 수업, 상담, 학급 운영, 생활교육 등에서 눈에 보이지 않는 일들이 많다. 준비 정도에 따라 수업의 질은 천차만별이다. 상담, 학급 운영, 생활교육은 또 어떤가? 사람을 대하는 일은 생각보다 어렵다. 학부모 상담과 민원도 만만찮다. 거기에 학교폭력 사안이 발생하면, (법적 처리는 교육청에서 지원한다고 하더라도) 그에 따라 학급과 수업 등 일상의 학교생활 또는 학급 운영에 미치는 유무형의 파급력이 상당히 크다.

방학이 중요한 까닭이다. 흔히들 '방학 있어서 좋겠네'라며 시샘하지만, 연차를 자유롭게 사용하기 어려운 조건에서 교사들이 직전 학기에 소진된 몸과 마음을 회복하는 시간을 갖는 것은 중요하다. 이것은 교사 개인에게도 절실하지만, 그렇지 않으면 다음 학기에 수업을 듣는 학생들에게 끼치는 영향이 적지 않다는 점에서도 중요하다.

그래서 교사를 2~3명씩 근무조를 편성해 방학에 출근하게 하던 이전 관행을 폐지해야 한다는 현장의 요구가 있었고, 이것이 이른바 '교원의 방학 중 일직성 근무조 폐지'로 정착됐다. 방학에 학생 교육활동이 있으면 그 시간에 근무하지만, 원래 교사가 해야 할 일이 아닌 일직성 업무를 위해 편성되는 근무를 폐지한다는 것이다. 현재 대다수 시도 교육청에서 시행하고 있다.

사실 기존에는 교사 본연의 업무에 대한 범위가 명확하지 않았다. 즉 가르치는 일이 중심이었다고는 해도 각종 행정 업무가 만만찮았고, 이를 학교 업무의 원활한 운영이라는 차원에서 크게 문제 삼지 않는 분위기였다. 그래서 방학에는 평상시 하지 않던 일직성 업무들을 교사들이 나눠서 해 왔다. 그러다가 근무조를 편성해 운영하던 관행에 제동이 걸리면서 '그럼 그동안 해 왔던 방학 중 일직성 업무는 누가 해야 하는가?'로 쟁점이 확대됐다.

이와 같은 방식으로 쟁점이 확대된 대표적인 정책 사업이 바로 '돌봄'과 '초등 방과후학교'다. 우선, 돌봄은 2004년에 유치원과 초등학교 저학년을 대상으로 보건복지부가 중심이 돼 시청과 구청 등 지자체가 나서서 시작한 사업이다. 사업 운영 장소로 학교 건물의 대여 등이 필요해서 교육부의 협조로 출발한 이 사업은 어느새 학교 교사들도 관련 업무를 맡으면서 현재까지 이어지고 있다. 다음으로, 초등 방과후학교 사업은 대부분 외부 업체에 위탁해 운영되는데 관련 업무를 교사들이 하면서 쟁점이 됐다. 방과후학교 업무에 따른 '정규 교육과정 운영에 힘써야 할 교원들의 교육활동 역량 위축', '교내 교직원과 외부 인력인 방과후 강사와의 역할 분담' 등이 논쟁의 핵심이다.

실타래가 복잡하게 꼬여 있으면 큰 덩어리부터 풀어야 한다. 핵심은 교직원 중에서 교원이 해야 할 역할과 직원이 해야 할 역할이 무엇인지 살피는 일이다. 그래야 그 기준에 따라 방학 중에 해야 할 각각의 역할이 정해진다. 수많은 행정 업무 중 학생 전학 업무를 누가 할 것인지 정하는 문제를 예로 들자. 예전에는 주로 교사가 했다. 그런데 교원의 교육활동 전념 여건 조성을 위해 행정실에서 근무하는 교육행정직원 말고도 교무실에서 각종 교무 업무를 수행하는 교육공무직원이 고용돼, 현재는 관련 업무를 교사가 하지 않는 학교가 많다. 그래서 이를 교육청 차원에서 일률적 지침으로 정하기가 쉽지 않다. 학생 수, 지역, 교내 상황 등 단위 학교 여건이 천차만별이기 때문이다. 대학교처럼 교육활동과 행정 업무가 완전히 분리돼 있다면 좋겠으나, 초중등학교는 현실적으로 그러하지 못하다(유치원이나 특수학교도 마찬가지다).

야구에서 타자가 친 공이 높이 떠서 내야수와 외야수의 중간에 떨어지려 할 때가 있다. 우익수, 중견수, 2루수가 삼각형의 꼭짓점에서 가운데로 모여든다. 누가 잡아야 할지 정말 애매하다. 서로 자기가 잡겠다고 나서다가 충돌하는 것도 문제지만, 상대방에게 미루는 것 또한 능사는 아니다. 이때 가장 필요한 것은 무엇일까? 순식간에 주고받는 수비수들 사이의 의사소통이다. 학교와 교육청의 업무도 마찬가지다. 모든 일들이 꼭 이 상황과 같지는 않겠지만, 상호 소통이 해결의 실마리가 되는 것은 분명하다. 이것을 매뉴얼로 만들어 구역을 정확히 자로 잰 뒤 어디서부터 어디까지는 중견수 담당, 나머지는 우익수 담당…, 이럴 수는 없는 노릇이다. 수비수의 역량이나 각 팀이 처한 조건, 야구장 사정 등 섬세한 변수가 많기 때문이다. 교육계에서는 이러한 대화와 소통의 과정을 '학교 자치' 또는 '민주적 학교 문화'라고 부른다.

### 한판의 뜨거운 경쟁

방학 중 교원의 일직성 근무조 폐지 공문이 나간 뒤 민원은 더욱 다양하게 들어왔다. 평교사로부터는 공문이 왔는데도 잘 안 지켜진다는 민원, 교장으로부터는 단위 학교가 알아서 해결해야 할 일에 교육청이 개입해 학교 자율성을 침해한다는 민원, 학교 직원으로부터는 교사가 원래부터 하던 일이었는데 타 직종에 업무를 전가한다는 민원…. 그러고 나서는 민원 내용이 다시 돌고 돌아 교사들은 방학 중의 화재, 도난, 보안 점검, 학교일지 작성, 학교 시설 관리 등의 업무는 원래 교사의 일이 아니었다고 말하고, 직원들은 응당 해야 할 교원들의 업무를 직원에게 떠맡기려 한다고 말한다. 거기에 방학 중 학생 교육활동이나 이와 관련한 근무조 운영을 학교 구성원의 민주적 의사결정 과정을 통해 정해야 하는데도 학교 관리자가 일방적으로 정하려 한다는 불만까지….

학교에는 수업과 상담 활동 말고도 일이 많다. 특별구역 청소, 급식 지도, 칠판 지우기, 교실 꾸미기, 결석생 전화해서 깨우기, 가정통신문 취합, 쓰레기 분리수거, 봉사 활동 인원 파악 보고 및 확인서 발급 등 생활지도와 학급 운영을 위한 일들이 수도 없이 많다. 학교는 교육활동이 중심이 돼야 하지만, 그것만으로 작동되는 조직이 아니다(이러한 모든 활동을 넓은 의미의 교육과정으로 보는 견해도 있다. 교육학에선 이를 '잠재적 교육과정'이라 부른다).

'교육활동'과 '교육활동 지원'은 서로 다른 업무 영역이다. 학교에서는 일반적으로 교무실(교원)과 행정실(직원)의 역할로 나뉘어 있다. 하지만 상황에 따라 교육활동이라고 말할 수도 있고 교육활동 지원이라고 말할 수도 있는, 경계선에 놓인 업무들이 많다. 따라서 학교 구성원 간에 소통이 원활하지 않으면, 언제까지나 '서로 안 하기' 경쟁이 벌어질 수밖에 없다.

스스로 서고 더불어 살아야 하듯이, 학교 그리고 교육청 업무의 소관 부서를 명확히 구분해야 부서 간 협업도 잘 이뤄진다. 명확한 업무 구분은 효율적 조직 운영을 위해서 꼭 필요하다. 다만 구성원 간의 신뢰와 관계성, 그리고 단위 학교의 민주성과 자율성을 우선하지 않고 기계적으로 세부 업무 영역을 매뉴얼로만 만들어 적용하려는 시도는 학교 현장에

뿌리내리기 쉽지 않다. 구성원들의 복잡한 상호 관계가 얽혀 있는 가운데서도 상대방이 나를 위할 것이라는 믿음과 관계성이 만들어져 있다면, 경계선상에 있는 일을 누가 맡아서 하는지는 그리 중요한 문제가 아니게 된다.

같은 사안에 대해 전혀 다른 입장과 내용으로 약 두달 동안 양쪽(?)으로부터 민원을 받으면서 나는 생각했다. '이건 혹시 우리의 무의식에 있는 개인적·집단적 경쟁의식의 발로가 아닐까?' 나름 사연과 논리가 있으며, 그 논쟁이 소모적인 것만은 아니었다. 다만 (나 또는) 내가 속한 집단이 (타인 또는) 타인이 속한 집단과 '어떤 업무를 누가 해야 하는가?'를 두고 마치 스포츠 경기처럼 한 판의 뜨거운 경쟁을 벌인 것 같았다. 양쪽의 민원을 동시에 받은 나는 적어도 그렇게 느꼈다.

방학 중 근무조 관련 민원은 어떻게 됐을까? 그로부터 7년이 지났지만 아직 명확하게 해결이 되었다고 보기 어렵다. 다만 교원이 학생들을 가르치는 데 집중할 수 있도록 하고, 직원이 교원의 학생 교육활동 지원을 원활히 할 수 있도록 하며, 그 과정에서 특정 직종이 본연의 업무와 별도로 무리하게 업무를 떠안아서는 안 된다는 대원칙이 묵계로 형성돼 있을 뿐이다.

# 정책 사업 정비

 교육청에 들어와서 맡은 두 번째 업무는 '정책 사업 정비'다. 학교 현장에는 아직도 불필요한 업무나 관행적인 사업이 많은데, 이것들을 축소하거나 통폐합하고 폐지하는 일을 교육청에서는 '정책 사업 정비'라고 부른다. 관련 위원회(Task Force)를 구성하고 현장 의견을 수렴해 교육청 전체의 사업을 하나하나 들여다보면서, 과도한 사업은 줄이고 불필요한 사업은 없애는 일을 공동으로 한다.

 이 글을 읽고 있는 당신이 교육감에 당선됐다고 가정해 보자. 그러면 무엇을 할 것인가? 고심해서 짜낸 공약을 이행하기 위해 애쓸 것이다. 이 공약은 시민들과의 약속이다. 그런데 교육청에는 이전부터 추진해 온 수많은 사업이 있다. 모든 사업을 다 할 수 없으니, 당선 이전에 추진했던 정책 사업 가운데 자신의 교육철학과 배치되는 사업을 축소나 폐지 등의 형태로 정비하는 것은 타당하다.

그러면 누가 이렇게 부서의 사업을 줄이라고 말하는 악역(?)을 맡을 것인가? 당시 그 역할이 내게 주어졌다. 정식 장학사도 아닌 파견교사인 내게 말이다. 나는 여러 부서의 장학사들에게 기존에 하던 일을 폐지하라고 요청해야 했다. 교육감도 현장 선생님들이 수업, 상담, 생활교육, 학급 운영 등에 집중할 수 있도록 관행적이고 불필요한 사업을 정비하려는 의지가 컸다. 정책 사업 정비의 3대 원칙까지 정했다. 교육감 공약 사업, 교육부 국책 사업, 법적 의무 사업을 제외하고는 모든 사업을 원점(Zero-Base)에서 재검토한다는 방침을 세웠고, 나는 그것을 실행하기 위한 첨병이 됐다.

그러다가 한 선임 장학사와 논쟁이 붙었다. 내가 여러 부서의 장학사들에게 해당 부서의 사업 일부를 사실상 폐지하라는 메시지를 보냈더니 전화가 왔다.

"지금 (내가 있는) 이곳 사무실로 오시오."

가야지 별 수 있나(지금이라면 "당신이 오시오"라고 대거리했을 것이다). 군대로 치면 나는 이등병 계급의 파견교사였고, 그는 곧 교감 발령, 즉 제대를 앞둔 말년 병장 계급의 장학사였다. 40명 정도가 빽빽이 들어찬 한 부서의 사무실 문을 열었다.

그는 사무실에서 고성을 내게 퍼부었다. 나는 나대로 사업 정비의 타당성에 대해 지지 않고 설명했다.

지금 생각해 보면, 그는 수석장학사로서 역할이 있지 않았을까 싶다. 이제 막 교육청에 들어온 파견교사 주제에 이래라저래라 하는 모습 또한 마뜩잖았을 것이다. 이듬해에 나 또한 장학사가 되고 교육청 일을 몇 년간 해 보고 나서, 그의 마음을 알게 됐다. 긍정적 측면과 부정적 측면 모두에서 말이다. 말하자면, 일은 하던 일을 반복해서 할 때 편하다. 효과성과 안정감이 있다. 하지만 그러다 보면 어느새 관성에 젖는다. 혁신적 사고를 끌어내기가 쉽지 않다. 더구나 학교 현장의 요구는 매년 역동적인 데 반해, '교육청은 학교에 예산만 내려 주면 끝'이라는 타성에 젖기 쉽다.

기존 사업의 정비에 대한 반발도 크지만, 각 부서에서는 신규 사업에 대한 거부감 또한 상당하다. 새로운 업무가 부과되면, 부서마다 이 일이 우리 부서의 업무가 아님을 증명하는 데 상당한 공을 들인다. 그래서 나와 같이 정책 사업 정비를 담당하는 실무자는 기존 사업을 없애는 역할을 주로 하지만, 누군가에게 새로운 사업을 부여하는 역할도 한다. 교육청에서 이 업무는 예산, 인사 업무와 함께 3D 업종으로 꼽힌다. 겉보기에는 '정책조정'과 같이 멋진 팀명으로 불리고 팀상·

과장급에게 묵직한 역할을 부여하는 부서지만, 실무를 맡은 장학사들이 가장 선호하는 곳이라고 보기는 어렵다.

반대의 현상도 있다. 교육부 장관이나 교육감이 직접 관심을 두고 추진하는 사업에 대한 지나친 경쟁이다. 교육부 장관-교육감-부교육감-국장-과장-팀장-장학사-주무관-교육지원청-학교-교사로 이어지는 강력한 관료 조직의 성격에 따라, 교육부 장관이나 교육감이 역점을 두고 강조하는 사업이 있으면 피라미드식 실적 경쟁이 과열되곤 한다. 정책 사업 정비에 대한 거부감과 교육감 강조 사업의 맹목적 경도는 정반대의 현상이지만, 관료 조직의 경직성, 부서별 칸막이 현상, 인사권을 가진 교육감에 대한 과도한 의존과 같은 교육청의 단면을 보여 준다.

### 최고 의사결정권자의 역할

공약의 내용에 따라 차이가 있지만, 일반적으로 실적이나 성과를 내는 가장 효과적인 방법의 하나는 정량적 사업 추진이다. 즉, 전체 학교 가운데 몇 개 학교가 이 사업을 운영하고 있는지 등의 실적은 통신사 영업부에서 가입자를 확보하는 일처럼 중요하게 여겨진다. 그러면 그러한 일을 누가 할까? 돌고 돌아 결국 학교의 교사가 한다. 가르치는 일과 관련한 일이 더 많아지는 것은(이것도 지속가능성 측면에서 고려해야 할 점이 있지만, 우선 그 부분을 차치하더라도) 타당성이라도 있다. 그런데 학생들을 직접 가르치는 일과 거리가 먼 행정, 보고서 작성, 예산 처리 업무 등을 하는 데 교사의 역량이 소진되고 있다면 이야기가 달라진다.

그런데도 이러한 실적 성과 중심의 사업 집행이 최근 10여 년간 전국 대다수의 시도 교육청에서 여전히 줄어들지 않고 있다. 교육청의 가장 큰 일은 수업, 상담, 생활교육, 학급 운영 등 교사가 학생 교육활동을 잘하도록 지원하는 것이다. 그런데 학교생활에서 가장 큰 비중을 차지하는 이 수업에 대해서는 당연히 이뤄지는 것으로 생각하고, 그 밖의 실적을 통해 교육감의 자질이나 성과를 평가하는 경향이 있다. 수업은 겉으로 실적 성과가 나타나는 행위가 아니다. 아무리 좋은 수업도, 아무리 문제가 많은 수업도 정량적으로는 1회, 이렇게 계산될 뿐이다. 즉, 아무리 수업이 잘 이뤄지도록 교육청이 지원했다 해도 전혀 드러나지 않는 성과다. 그러다 보니 교육감은 교육의 본질인 교육활동보다 각종 사업 추진에 경도되곤 한다. 어느 특정 지역만이 아니다. 17개 시도 교육청에서 나타나는 일반적인 현상이다.

한편 민주적 조직이라고 하면, 최고 의사결정권자는 한 개인이 아니라 그 조직의 구성원 전체다. 한국의 헌법 제1조 2항도 "대한민국의 모든 권력은 국민으로부터 나온다"라고 명시하고 있지 않은가. 그러나 초중등교육법상 교육청의 최고 의사결정권자는 장학사도 아니요, 학교 교사도 아니요, 학생들도 아니요, 바로 교육감이다. 그것은 학교에서도 마찬가지다. 현행 교육법은 교육감과 학교장의 권한이 비교적 크다.

- 시도의 교육·학예에 관한 사무의 집행기관으로 시도에 교육감을 둔다(지방교육자치에관한법률 제18조 1항).
- 교장은 교무를 총괄하고, 민원 처리를 책임지며, 소속 교직원을 지도·감독하고, 학생을 교육한다(초중등교육법 제20조 1항).

그래서 현명한 교육감이나 학교장은 비록 법령에 1인 중심으로 권한이 집중돼 있더라도, 실제 운영에서 다수 구성원의 민주적 의사결정 과정을 존중해 정책을 결정하고 집행한다. 즉 최종 판단자는 교육감이나 학교장이라 하더라도, 어떤 결정에 이르기까지 학생, 교직원, 학부모, 지역 주민 등 학교 구성원의 이야기를 듣고 그를 바탕으로 의사를 결정한다. 언뜻 오랜 시간이 걸리는 것 같지만, 결정 이후의 추진 동력이 더욱 커지므로 결국은 가장 빠른 길이다. 반면, 최고 의사결정 권자가 구성원의 의견에 귀 기울이지 않고 독단으로 결정한 사항들은 (그것이 비록 교육철학적으로 바람직하더라도) 제대로 구현되기 어려울 뿐 아니라, 더 큰 거부 반응을 일으킬 때가 많다.

대중이 모두 옳은 것은 아니다. 때로는 최고 의사결정자의 외로운 결단이 필요할 때도 있다. 이때도 민주적 과정을 거쳤느냐, 그렇지 않았냐는 중요하다. 단지 명분을 얻기 위해 민주적 과정을 거치는 것은 아니지만, 진정성이 있다면 구성원들은 리더의 그 마음을 안다. 때로는 '답정너' 아니냐며 비판하기도 한다. 하지만 교육감(학교장)이 마음대로 할 것이면서 의견을 묻는 척하는지, 참된 교육을 위한 고뇌에 찬 결단의 과정에서 추진하는 의견 수렴인지 구성원들은 안다. 진정성이란 그런 것이다. 즉 학교 운영 전반에 민주적 의사결정 체계가 자리 잡혀 있다면, 간혹 구성원의 대중적 판단과 다른 선도적 결정을 리더가 내리더라도 그것을 기꺼이 따른다. 반대로 그렇지 않은 학교 문화가 지배적이라면, 어떤 뜻깊은 결정도 구성원들은 '답정너' 결정이라고 치부하고 만다.

이때 장학사, 주무관 등 실무자의 역할이 중요하다. 학교라면 교무부장, 연구부장 등 부장 선생님, 또는 업무를 담당하는 선생님들에 해당한다. 직언할 수 있어야 한다. 그리고 상관의 결정과 실무자의 직언 모두에 오류가 있을 수 있음을 서로 인정하는 가운데 공론의 장에서 토론해야 한다. 상호 소통을 통해 더 나은 방향을 찾아야 한다.

## 민주주의의 힘

한번은 이런 일이 있었다. 학교에 예산이 편중 지원되면서 발생하는 문제를 최소화하기 위해 일종의 '상한제'와 같은 제도를 시행하려 했다. 즉, 학교가 운영할 수 있는 교육청 공모 사업의 개수를 일정 수 이하로 제한하는 것이다. 그러다 보니 예산을 많이 확보하려는 일부 학교에서 반발했다. 한 학교가 민원을 제기했고, 언론에도 흘렸다. 주요 내용은 '학교가 운영하는 사업 개수를 왜 교육청이 임의로 제한하느냐?'라는 것이었다. 이 상황에서 초중등교육법 제6조 "(전략) 공립·사립 학교는 교육감의 지도·감독을 받는다"와 같은 법령을 언급하며 사태를 마무리하는 것은 바람직하지 않다. 설득과 소통이 먼저다.

한편, 교육감은 생각이 달랐다. 교육감은 그 학교의 입장을 존중하는 것도 필요하다고 말했다. 마침 민원을 제기한 학교에서 하려던 사업은 'AI 중점 시범학교'로, 일선 학교가 꺼리던 것이었다. 그래서 교육감은 고심이 컸다. 나는 즉각 재반론했다.

"이 제도가 안착했다면, 학교들의 다양한 여건을 존중하며 예외를 인정하는 것은 필요합니다. 하지만 지금의 상한제, 자율선택제, 민주적 의사결정제 등이 종합적으로 구현되는 이 '공모 사업 혁신운영제'는 교육청이 생긴 이래 처음 시행되는 제도이며, 전국적으로도 처음입니다. 따라서 처음부터 예외적 상황을 만든다면, 기준이 무너지면서 다른 학교들의 반발이 예상되며 제도의 현장 안착이 쉽지 않을 것입니다. 지금은 원칙을 지키면서 운영하는 것이 좋아 보입니다."

교육감은 실무자인 내 뜻을 존중했다. 그 뒤 무분별한 공모 사업을 학교에 마치 '내리먹임식'으로 부과하는 것에 대해 '공모 사업 혁신운영제'를 통해 걸러내는 등 원칙을 견지할 수 있었다.

우리 사회는 '경쟁'에서 승리한 사람에게 알게 모르게 권력을 부여한다. '권력'은 "남을 자신의 뜻대로 움직이거나 지배할 수 있는 공인된 힘"(《고려대 한국어대사전》)이다. 우리 사회에서는 경쟁과 권력, 이 두 낱말을 결합한 '경쟁 권력'을 획득하기 위한 각축이 벌어질 수밖에 없다. 이를 지혜롭게 조정하고 제어하는 힘이 바로 민주주의다. 민주주의가 발달한 조직은 어디든 주류와 다른 목소리를 존중한다. 사회에 다양성을 심는 일, 그것 자체가 바람직한 교육의 모습이다. 교육기관에서 일하는 사람이라면 그것을 좀 더 실천해야 할 필요가 있다. 왜냐하면 그것을 바라보는 학생들이 보고 배우는 공간에 근무하고 있거나, 그 공간과 어떤 형태로든 관계를 맺고 있기 때문이다.

# 광장토론회

 가을에는 무엇을 해야 할까? 가을 야구도 있고 가을 전어도 좋지만, 하늘은 높고 말은 살찌는 가을에는 토론이 제격이다. 교육청에 들어와서 맡은 세 번째 업무가 토론회 운영이었다. 여기서 소개할 이야기는 내가 직접 기획한 교육청 주관 '광장토론회'다. 2018년 그해는 유난히 토론하기 좋은 날씨가 이어졌다. 가을바람이 제대로 불었다. 그래서 토론회 제목을 김광석의 노래처럼 〈300만 시민교육감의 바람이 불어오는 곳〉으로 정했다. 학생, 교직원, 학부모뿐 아니라 지역 시민이 함께 모여 토론하고, 그 결과를 실제 교육정책과 예산에 반영한다는 취지였다.

 그런데 시간이 촉박했다. 토론회를 열기로 8월 말에 결정했으니 사실상 한 달밖에 준비할 시간이 없었다. 왜냐하면 11월

시의회에서 예산안을 심의할 수 있도록 차기년도 교육청 사업 및 예산 운용 계획을 확정하는 시기가 늦어도 10월 말이었기 때문이다. 행사 준비에 최소 두세 달 걸리는 것은 둘째 치고, 토론 결과를 사업 부서 검토를 통해 예산에 반영하려면 적어도 10월 초에는 토론회를 열어야 했다.

무슨 일을 먼저 해야 할지 감이 오지 않았다. 몇백 명이 참가하는 대형 행사에 참가는 해 봤어도, 이를 총괄하는 것이 처음인 나는 '멘붕'이 왔다. 가장 먼저 해야 할 일은 기본적인 사업 운영 계획 작성 뒤 팀장, 과장, 국장, 부교육감, 교육감의 결재를 받는 일이었다. 그러고 나서는 실무팀을 꾸려야 했다. 토론 촉진자, 곧 퍼실리테이터(facilitator) 경험이 있는 분들을 주로 섭외했다. 토론이 분과별로 원활하게 이뤄지도록 돕는 현장 교사다. 20여 명 남짓의 실무팀과 토론 주제 및 방법, 토론 결과의 정책 및 예산 반영 방법을 고안했다. 몇 날 며칠의 새벽 퇴근은 덤. 그런데도 신명이 났다. 민원이 폭우처럼 쏟아지던 한여름에 비하면 일하는 재미가 컸다.

어찌어찌해서 토론회 날짜를 정하고 나니 행사 장소 선정부터 난관에 부딪혔다. 우선, 대관할 수 있는 행사장은 이미 예약이 꽉 차 있었다. 또 광장토론회라고 이름 붙였으니 야외에서 해야 할 것 같은데, 그러면 토론하는 목소리가 하나도 안 들릴 것이라고 주위 사람들이 걱정했다. 그렇다고 실내에서 하면 그것이 무슨 광장토론회냐는 반론까지. 그럼, 다 하지 뭐. '1부 정책토론회'에 이어서 '2부 만민공동회'를 하는 형식으로 실내와 야외에서 모두 열기로 했다. 그럼 '광장'토론회를 왜 실내에서 하느냐는 반론도 방어할 수 있고, (토론자의 목소리가 잘 들리는) 실내 토론을 통해 토론회에서 나온 시민의 목소리를 교육정책에 제대로 반영할 수 있지 않을까 생각했다.

그러기 위해서는 사전 토론 일정을 따로 잡는 것이 필요했다. 국가 간 정상회담에서도 실무진이 사전 협의를 통해 의제를 조율하는 것처럼, 당일 토론 결과를 공표하고 이를 교육정책 및 예산에 반영하기 위해서는 사전 토론이 필수였다. 행사 사흘 전, 사전 토론에 100여 명의 토론자가 모였다. '수업개선, 학생자치, 진로진학, 혁신교육, 평등교육, 인권, 학교폭력예방, 학생생활, 특수교육, 유치원교육, 마을교육공동체, 인사제도혁신, 불필요사업감축' 등 13개 주제로 분과를 나눈 뒤 본 행사에서 토론할 의제를 정했다. 본 행사에서의 논의 내용을 의제 중심으로 정제하려면, 사전 토론에서 서로 논의할 내용을 명확하게 정하고 쟁점이 무엇인지 파악하는 것이 중요하다. 또 토론자의 발언이 사라시지 않도록 분과별로 속 기사를 섭외해 토론 내용을 기록하도록 했다.

행사 하루 전, 각종 비품 준비 등 아직도 할 일이 산더미였다. 대학 동기이자 동료 교사인 친구에게 도움을 요청했다. 그와 함께 토론자의 종이 이름표를 만들고, 각종 자료를 인쇄하고 오리고 붙이고 포장했다. 작업하면서 뜬금없이 학교 생각이 났다. '맞아, 학교에서도 이런 작업을 많이 했었지.' 규모만 다를 뿐 학교에서의 수많은 학급·학교 행사 역시 교사들이 이렇게 직접 준비한다. 전문 업체에 맡길 수 있지만, 그것은 예산이 넉넉할 때 얘기다. 각종 준비를 마치니 새벽 4시쯤 됐다. 나의 절실했던 구조 신호(?)에 늦은 밤에 달려와 새벽까지 함께 일한 친구와 순댓국을 먹으며, 내일 행사를 잘 치르겠노라 다짐했다.

## 구슬이 서 말이라도 꿰어야 보배

행사일, 168명의 토론자와 130명 남짓의 참관자 등 300여 명이 모였다. 나는 정작 행사 당일이 되니 여유만만이었다. 모든 일이 그렇듯 준비를 잘하면(지나고 보니 부족한 것투성이였지만) 실전은 준비한 관성대로 흘러간다. 토론 테이블을 설치하고 그럴싸한 남색 비단을 그 위에 깔았다. 주제별 입간판을 이젤 위에 올렸고, 커피, 생수, 토론 자료, 간식 등을 등록부 옆에 놓았다. 언론사에서 취재하러 많이 왔는데, 카메라는 역시 학생들에게 가장 많이 향했다.

168명의 토론자 가운데 20명가량의 학생 토론자가 제안한 내용들에는 학교생활에서 그들이 겪는 어려움이 생생하게 들어 있었다. 학생들에게 절실한 의제들이었다. 그로부터 7년이 지난 지금, 학교에 여러 형태로 정착된 의제들이 많다. 여학생 복지 확대를 위해 학교 내 생리대 자판기 설치 의무화 또는 확대, 등하교 시 교복·생활복·체육복을 입을 수 있게 허용 및 학교인권조례에 반영, 학생 자율 동아리 운영에 따른 예산 지원, 학교운영위원회의 학생 참관 허용 및 학생 의결권 보장, 특성화고뿐 아니라 초중고 청소년노동인권교육 의무화, 놀이교육 확대, 혁신유치원 지정, 장애학생 돌봄 방안 마련, 교실에 공기청정기 설치, 학생이 직접 기획하고 교직원과 학부모가 지원하는 학생 중심 성평등 교육 실시 등.

'바람의 정원(政園)'이라 부른 '1부 정책토론회'가 끝나고 참석자 모두 야외공연장으로 자리를 옮겼다. 이제 '바람의 화원(話園)'이라 부른 '2부 만민공동회' 시간이다. 1부가 사전 의제 선정 등 정제된 토론의 자리였다면, 2부는 즉석에서 교육정책을 제안하고 교육감이 즉답하는 자리였다.

자율적 참여를 통한 행사는 항상 참여 인원, 즉 흥행(?)에 대한 고민이 뒤따른다. 이미 1부 행사가 2시간을 훌쩍 넘겼다. 2부 행사가 열리는 야외공연장으로 자리를 옮기는 사이, 많은 참가자들이 집으로 발걸음을 향하고 있었다. 그 모습을 보고 나는 무대 위 마이크를 낚아채고는 소리를 질러댔다.

"가지 마세요. 조용필은 안 왔어도 우리 교사·학생·학부모 연합동아리의 〈여행을 떠나요〉 공연이 있어요."

밴드동아리의 사전 공연, 그리고 사회자의 진행으로 시작된 2부 만민공동회. 시민들과 교육감의 즉문즉답이 오갔다. 스케치북에 교육과 관련한 자신의 사연이나 정책 제안을 적어 흔들면, 사회자가 지명해 자세하게 질문을 이어가고 교육감이 답하는 방식이다. 정제된 내용은 아니었지만, 1부 정책 토론회와 달리 생생한 학교 현장의 이야기가 나왔다. 학부모들의 질문이 많았는데, 이 내용들도 사업 부서의 검토를 거쳐 교육정책에 반영하도록 했다.

구슬이 서 말이라도 꿰어야 보배다. 행사는 끝났지만, 토론 결과를 정책과 예산에 반영하기 위해서는 행사 개최 전보다 더 큰 노력이 필요했다. 토론 내용이 합의된 토론 결과로 정제되고 나면, 교육청 사업 부서가 이 토론 결과를 정책에 반영할 것인지를 검토하고 예산 계획을 짠다. 사업 부서별로 이행 계획서를 취합하고, 이것을 예산에 잘 반영했는지 최종적으로 검토하는 것은 오롯이 실무자인 나와 우리 부서의 몫이다.

첫해 토론회에서는 92개 정책 제안 가운데 72건을 반영했는데, 마을교육지원센터 신설, 학교 내 대안 교실 운영, 학교 내 생리대 자판기 설치 의무화 또는 확대 등 실효성 있는 학교 지원 사항들이 많았다. 이전에 사업 부서가 이미 계획하고 있던 사업이 마침 토론회에서 제안돼 관련 사업 부서와의 협업이 순조롭게 이뤄지기도 했다.

교육정책에 대한 교육공동체의 소통, 공감, 참여, 협력 요구는 날로 커지고 있다. 그런 점에서 민선 교육감의 정책 추진에 필요한 교육공동체의 의견 수렴 과정을 토론, 토의 등 다양한 방식으로 구축해 나가는 것은 뜻깊다. 논쟁이 난장이 된다 해도, 흥정이 싸움이 된다 해도, 굴곡이 있어도, 사회의 민주주의 척도는 결국 우상향 곡선이 되리라는 믿음으로 기획하고 운영한 광장토론회였다. 집단지성은 생각보다 강했다. 많은 학생과 교사, 그리고 시민의 관점에서 교육청 사업에 대한 아이디어를 마련하고 문제 상황에 대한 해결 방안을 모색하는 것은 그 자체로 큰 의미가 있었다.

# 전교조 출신 장학사

나는 2002년에 교사가 됐다. 행운이었다. 당시 교육계 현안 가운데 하나는 학생 수에 비해 교사 수가 적다는 것이었다. 그동안 교사 대비 학생 수가 너무 많았는데, 이는 교육력 약화의 주요 요인으로 지목됐다. 이전부터 준비가 있었지만, 2002년에 이르러 이전과 확연히 다른 교원 정원 확대 정책이 시행됐다. 이에 따라 2001년도에 14명이었던 인천 지역 국어 교사 선발 인원이 2002년도에 130명으로 늘어났다. 나는 재수로 도전한 그해 시험에서 90등으로 합격했다(앞서 이야기한 그 친구는 89등으로 합격했는데, 나보다 공부를 잘했다며 만날 때마다 자랑이다). 불과 1년 전이라면 나는 합격할 수 없는 등수였다. 웬걸, 이듬해부터 선발 인원은 다시 대폭 줄어들었다. 다른 과목도 마찬가지였다. 나는 내가 잘나서 합격한 것이 아니었다. 누군가 탈락했기 때문에 받은 합격증이었다. 세상은 그렇게 상대적이다.

그해 가을에 전교조에 가입했다. 전교조 노래 〈참교육의 함성으로〉처럼 입시 경쟁 교육 해소를 실천할 수 있으리라는 기대에서였다. 전교조는 민족·민주·인간화 교육을 기치로 내건 교원단체로, 교원노동조합 역사에서 가장 먼저 태동했다. 물론 1960년 4·19혁명 직후에 대한교원노조연합회가 결성된 전례가 있다. 그러나 5·16군사정변 뒤 정부의 탄압으로 1년여 만에 해체됐다. 전교조 태동 당시에도 1,500여 명의 교사가 해직되는 등 탄압은 이루 말할 수 없었다. 하지만 그 뒤 해직자들이 복직되고 1999년에 합법화되면서 교원노조로서의 역사를 만들어 왔다.

나는 가입해서 평조합원으로 활동할 때 일반적인 노동조합의 지향과 전교조의 지향이 규범적으로 다르다는 사실을 잘 알지 못했다. 노동조합은 노동자의 지위 향상을 목적으로 한다. 노동자가 자신의 지위를 향상하고자 하는 것은 당연히 필요하다. 그런데 지난날의 활동을 돌아보니, 전교조는 조합원 선생님들의 지위 향상보다 우리 교육이 더 올바르게 이뤄지도록 하는 데 초점이 맞춰져 있었다. 무엇이 더 중요한가를 떠나, 지향의 출발점과 그 여정 사이에 여백이 존재했다.

초임 발령 당시에는 이렇게 생각했다. '일반 회사의 노동 대상은 주로 물건이나 재화, 서비스지만, 학교의 노동 대상은 학생이다. 그러므로 학생들이 참된 교육을 받도록 노력하는 것이 교직원노동조합의 사명이겠다. 학생이 교육을 제대로 받는 것이 곧 선생님의 교권 확립이고, 그것이 선생님의 지위 향상과도 맞물린다고 생각할 수도 있겠다.'

그래서인지 몰라도 초기의 전교조는 경제적 지위 향상의 수단이라 할 수 있는 임금 인상 등의 투쟁보다 차등성과급을 반납한다든지, 촌지를 거부한다든지, 민주적 학교 문화, 학생 인권 개선 등 교육정책에 관한 문제를 해결하는 데 목소리를 높여 왔다. 이러한 제도적 변화뿐 아니라, 수업 개선이나 혁신학교 운동 등을 통해 우리 교육을 바꾸는 데 많은 노력을 기울였다.

1989년에 출범한 전교조의 〈창립선언문〉을 보면, "현재 우리 교육의 현실은 모순 그 자체"이며 "교단의 존경받는 스승은 더 이상 발붙일 수 없이 지식판매원, 입시기술자로 내몰렸다"라고 표현하고 있다. "반민주적인 교육제도와 학생과 교사의 참삶을 파괴하는 교육 현실을 그대로 둔 채 더 이상 민주화를 말할 수 없으며 민주주의를 가르칠 수 없다"라고도 역설한다. 무엇보다 "가혹한 입시 경쟁 교육에 찌든 학생들은 길 잃은 어린 양처럼 헤매고 있으며, 학부모는 출세 지향적인 교육으로 인해 자기 자녀만을 생각하는 편협한 가족이기주의를 강요받았다"라는 문구는 내 가슴을 뒤흔들기에 충분했다.

내 교직 첫해는 그렇게 전교조 가입과 함께 시작됐다. 처음 몇 달은 내게 아무 일도 일어나지 않았다. 초임이라서 학교에 적응하는 것 자체가 쉽지 않았다. 그러다 지금은 무슨 일 때문이었는지 잘 기억나지 않지만, 그해 학년말 그러니까 겨울에 교육청에서 철야농성이 있었다. 철야라고 하길래 조합원 모두가 밤새야 하는 줄 알고 교육청 현관 로비에서 침낭이나 이불 조각 같은 것을 뒤집어쓰고 잤다. 아침에 일어나 보니 사람들이 그렇게 많지는 않았다. 1년 차 신규 교사였던 내가 (주제넘게) 그 농성 대열에 합류해 있음을 눈부신 아침햇살처럼 깨달았다.

며칠 뒤 전교조 정책실장에게서 만나자는 전화가 왔다. 한 카페에서 만났을 때 그는 내게 전교조 정책실 활동을 권했다. 그는 신규 교사임에도 무려(?) 철야농성에 참여한 나를 눈여겨봤다고 훗날 이야기했다.

"엥, 저요? 저는 아는 게 별로 없는 1년 차 교사인데요? 그리고 무엇보다, 저는 퇴근 뒤나 주말 등 개인 시간에는 주로

'반전과 기아 문제 해결'을 위해 힘쓰고 싶어요."

나는 예나 지금이나 사람이 억울하게 죽는 것이 너무나 가슴 아팠고, 전쟁과 기아 문제에 깊게 마음이 쏠려 있었다.

"그래요. 그건 일단 정책실 활동하면서 계속 고민하면 어떨까요? 서로 연결돼 있을 테니까요. 아마 전교조 활동과 선생님의 뜻이 서로 접점이 있을 거예요."

어리둥절했지만, 그러겠다고 답했다. 그렇게 나는 전교조 활동가(?)가 됐다.

### 입시 경쟁 교육 해소

2000년대 중후반에 전교조는 중흥기를 맞이했다. 노무현 정부에서 민주화의 바람은 한결 더 따뜻하게 불었다. 전교조는 대외적으로 필요한 목소리를 내면서도 수업 개선 및 혁신 교육 운동, 민주적 학교 문화 등 교육계의 내실을 꾀하는 데 노력을 기울였다. 적지 않은 성과를 냈다.

순조롭게 항해하던 전교조가 암초를 만났다. 2010년대 초에 발생한 이른바 '전교조의 법외노조화' 문제였다. 정권이 바뀌고 나서 정부는 (부당하게) 해직된 교사가 전교조 조합원 자격을 유지하고 있다며, 이들의 전교조 조합원 자격을 박탈하지 않으면 전교조를 사실상 불법화하겠다고 통보했다. 당시 해당 조합원이 9명이었는데, 이를 이유로 5만여 명의 가입자가 있는 조직을 불법화한다는 발상이 놀라웠다.

  법이 진실을 담는 그릇이 되지 못하고 '법 기술'에 따라 문구로만 해석될 때가 있다. 그때마다 얼마나 많은 억울한 피해자가 양산됐는지 역사는 증명한다. 이 사안 역시 마찬가지였다. 해당 교사가 잘못해서, 즉 정당하게 해고됐다면 이야기가 다를 수 있다. 9명의 해직 교사 모두 학교 민주화 등을 위해 헌신하다가 사립재단 등에 의해 부당하게 해고된 사람들로서 상을 줘도 부족할 판에, 이들의 조합원 자격을 박탈하라는 정부의 요구는 너무도 위헌적인 행정명령이었다. 노동조합의 존재 이유 가운데 하나를 정부가 정면으로 거스른 것이기도 하다. 정부는 이들의 조합원 자격을 전교조 스스로 박탈하고 합법 단체로 기능하든지, 이들의 조합원 자격을 유지하고 법외노조화하든지 양자택일하라고 계속 압박했다.

  전교조로서는 쉽지 않은 결정이었다. 수없이 많은 토론이 학교 안팎에서 계속됐다. 나는 정부의 요구에 반대해야 한다는 의견이었다. 다만, 해고자 지원 등을 전제로 정부 요구를 (2보 전진을 위한 1보 후퇴의 차원으로) 받아들여야 한다는 의견에 대해서도 한편으로 공감했다. 대응 방법에 관한 한 어떤 생각도 완전히 옳거나 완선히 그르다고 보기 어려웠다. 결국

총투표가 진행됐고, 정부의 요구를 받아들이지 않는 것으로 결정 났다. 전교조는 그 뒤 법외노조가 됐다. 문제는 그다음이었다. 법외노조가 돼서 피해가 상당했지만, 그와 차원이 다른 문제가 발생했다.

투표로 결론이 난 뒤에도 양쪽은 서로를 온전히 이해하려 하지 않았던 것 같다. 명분을 강조하는 쪽에서는 실리를 강조하는 사람들이 의리 없다고 생각했을지 모른다. 실리를 강조하는 쪽에서는 명분을 얻는 일이 결과적으로 조직을 쇠락하게 한다고 판단했을지 모른다. 당시 나는 인천 부평 지역 지회장이어서 현장 조합원 선생님들의 다양한 목소리를 들을 수 있었다. 의견이 다르다는 이유로 서로 갈등하는 상황을 견딜 수 없었다.

시간이 흘러 대통령이 바뀌었다. 전교조는 다시 합법화됐고, 해직 교사들도 모두 복직됐다. 대통령의 정치적 성향이 보수와 진보를 넘나드는 중에도 교육감 당선자는 이른바 보수보다 진보 진영의 숫자가 더 많았고, 이 흐름은 한동안 지속됐다. 전교조 출신의 선생님들도 대거 교육감으로 당선됐다. 2010년대 중반부터의 일이다.

이 시기에 나는 인천 전교조 정책실장으로 활동했다. 이때를 전후로 인천뿐 아니라 여러 지역에서 함께 전교조 활동을 했던 선생님들이 교육청 장학사가 됐다. 교육청으로 들어간 진보교육감이 교육정책을 펼치기 위해서는 함께 일할 사람이 필요했으므로 문제 될 것은 아니었다. 그런데 시간이 지나고 깨달은 사실인데, 그동안 전교조를 이끌던 활동가 선생님들이 너무 많이 교육청으로 들어갔다. 물론 교육청 전체로는 전교조 조합원 출신 선생님이 장학사가 된 사례는 여전히 많지 않다. 그러나 전교조 차원에서 내부 조직을 바라보는 시각은 또 다르다. 조직을 운영할 만한 중견 일꾼의 숫자가 부족해진 것은 사실이었다. 나는 당시 전교조 조합원 출신 장학사들도 전교조 조합원 자격을 유지하게 해야 한다고 주장했으나 받아들여지지 않았다. 이제 와서 생각해 보면, 당시 내 주장이 적절했는지 판단이 잘 서지 않는다.

노동조합의 역할 가운데 하나는 사용자에 대한 견제와 균형이다. 만약 전교조 조합원 자격을 유지하고 있는 장학사인데도 교육감을 견제하기보다 부하 직원으로서의 역할이 더 커진다면, 결국 노동조합의 약화로 이어질 수 있다. 하지만 한편으로, 교육 운동과 교육행정이 시너지 효과를 통해 참된 교육을 위한 정책적 협력을 이루는 데 도움을 줄 수도 있을 것 같다. '노동자와 자본가(사용자) 사이에 결코 평화란 없는 것'인지, 아니면 양자 사이의 견제와 균형, 그리고 상생의 연대가 가능한지 나는 여전히 궁금하다.

    그럼에도 한 가지 확실한 것이 있다. 수많은 부침 속에서도 전교조가 일관되게 주장해 온 하나의 의제가 있다는 사실이다. 바로 '입시 경쟁 교육 해소'다. 이것은 전교조의 탄생 이유이기도 했다. 해마다 온도 차이는 있어도 전교조가 한 번도 이 문제를 언급하지 않은 적은 없었다.

# 첫눈처럼 체육이
# 내게로 왔다

그렇게 20년 남짓을 국어 교사와 전교조 활동가로 살았다. 돌아보면 부족한 것투성이다. 나 역시 학생 시절의 경험이 있기에 어떻게든 수업을 잘하려고 애썼다. 그래도 입시 경쟁 교육 환경이 달라진 것이 없다는 점에서, 고등학생 때 내가 일부 선생님의 모습을 보며 가졌던 불만들을 학생들이 나한테 갖지는 않을까 하는 괴로움은 여전했다.

고3 담임을 맡았을 때는 그 괴로움이 더 컸다. 대학 서열이 중요하지 않다고 말하지만, 점수표에 배치된 대학의 서열에 따라 학생들의 성적이 아깝지(?) 않게 대학에 보내야 하는 것이 고3 담임의 핵심 역할이다. A대 a학과, B대 b학과, C대 c학과를 비교해 가면서, 어떻게든 먼저 'SKY'에, 그다음 'In 서울'에, 그다음 수도권에, 그것도 어려우면 수노권에서 최대한 가까운 거리에 있는 학교를 학생의 적성, 흥미, 성적을 고려해 배치하고 원서를 쓰도록 해야 했다.

세 번째 고3 담임을 하던 해, 어느 날 갑자기 한 쪽 귀가 들리지 않았다. 그리고 며칠 뒤 수업 도중에 쓰러졌고, 구급차가 학교로 왔다. 학생들은 선생님이 영화 〈죽은 시인의 사회〉에 나오는 키팅 선생님처럼 교탁에 올라가다가 넘어졌다느니(수업 시간에 시를 읽다가 종종 올라갔었다), 갑자기 선생님이 칠판 앞에서 사라졌다느니(이렇게 이야기한 학생은 수업 때 잠시 졸았음이 분명하다 등) 등 무성하게 소문이 퍼졌다. 이석증, 메니에르병, 돌발성난청 등의 진단이 나왔고, 몇 달간 내 머리 위는, 아니 온 세상은 빙글빙글 돌았다.

그로부터 1년 6개월 정도 지난 어느 겨울이었다. 전교조 정책실장 임기를 마무리하던 때였는데, 당시 전교조는 법외노조 문제로 여전히 힘들어 하고 있었다. 몸이 상할 대로 상한 나는 이듬해 1월 다시 크게 아팠다. 결국 휴직했다.

그리고 2학기가 시작될 때 복직했다. 9월에 들어간 교실의 공기는 이전과 달랐다. 뭐든지 처음이 중요하다. 학교도 마찬가지다. 학생들과 관계를 맺는 데 3월의 중요성은 아무리 강조해도 지나치지 않다. 첫 단추를 어떻게 끼우느냐에 따라 한 해 농사가 결정된다. 따라서 학기 중간에 학생들을 처음 만나면 상당한 어려움을 겪는다. 나 역시 그랬다. 교직에 들어온 이후 처음으로 2학기부터 국어 수업을 시작했다. 어느 때보다 힘들었다.

석 달 뒤 수능 시험이 있기까지 내 정체성에 대해 심각하게 고민했다. 왜 교사가 됐을까? 더 거슬러 올라가 고3 때 왜 사범대 국어교육과에 원서를 썼을까? 국어 교과의 매력은 세상의 모든 이야기를 할 수 있다는 점에 있다. 실제로 수능 국어 영역 시험지를 보면, 문학 작품만이 아니라 정치, 경제, 사회, 문화, 예체능, 과학 등 광범위한 지문이 등장한다. 그것에 끌렸을 것이다.

수능 시험이 다가왔다. 우리 학교에서는 남학생만 응시하므로, 시험 중 응시생을 화장실에 데리고 가야 할 상황을 대비해 남교사를 복도 감독관에 배치했다. 나는 복도 감독관이 됐다. 시험장에는 긴장감이 감돌았지만, 복도 감독관은 시험장 감독관에 비해 수월했다. 다만 휴대전화나 책 없이 고요한 하루를 보내야 한다는 것뿐.

'나는 왜 사는 거지? 어떻게 살아야 하는 거지?' 이런 생각을 하며 머리로 혼자 수다를 떨었다. 그렇게 멍하니 서 있은 지 채 1시간도 안 된 오전 9시쯤이었다. 1교시 국어 영역. 복도 창밖으로 눈이 내렸다. 첫눈이었다. 순산 하나의 낱말이

내리는 눈과 함께 뇌리에 박혔다.

'체육 선생님.'

첫눈처럼 체육이 내게로 다가왔다. 체육 선생님이 되자. 순간의 결심은 단호하게 나를 휘감았다. 40대 초반에 만학도가 되자고, 체대에 다시 입학하자고 마음먹었다. 어릴 적 축구선수였고, 중고등학교 때 높이뛰기 선수였기에 운동 신경은 누구 못지않다고 생각했다. 실기는 자신 있었다. 4교시 탐구 영역이 끝나갈 무렵에 이미 인생 설계까지 끝냈다.

정확한 표현은 '어느 날 문득'이 아닐 것이다. 어릴 때부터 운동을 좋아했고, 선생이 된 뒤에도 학기마다 국어 수업 첫 시간에 학생들과 축구했다. 서로가 친해지는 데 이만큼 좋은 첫 수업이 없다. 졸업식 날에는 축구공을 손에 들고, 이 공을 차듯 세상을 박차고 나가라고 제자들에게 말했다. 아주 가끔 야외수업도 했다. 야외수업이라고 하면 밖에 나가서 바람 쐬는 정도로 생각할지 모르나, 나는 이동형 화이트보드를 들고 벚꽃이 흩날리는 교정에서 시와 소설을 가지고 목이 터지라 수업했다.

한동안 주변의 격렬한 반대 목소리를 들어야 했다. 지인들에게 이 뜻을 전하니 한결같이 어이없어했다. 아들이 뜻하는 일에 평생 반대한 적 없는 어머니도 강력하게 반대하셨다. 아내는 오히려 덤덤했다. 어디 하루 이틀 일이어야지 하는 반응이었다.

## 복수전공 연수

그렇게 사범대학 체육교육과 신입생이 되기 위해 수능 시험을 다시 볼 마음의 준비를 하고 있을 때 한 체육 선생님이 복수전공 연수 제도를 소개했다. 요새 국영수 교사가 과원이고 체육 교사가 부족해서, 복수전공 연수 이수 뒤 전과하는 제도가 몇 년째 시행되고 있다는 것이다. 다만, 공문이 언제 올지 모르니 놓치지 말고 기한 안에 꼭 신청하라고 일러 줬다. 어둠 속에서 한 줄기 빛을 보는 느낌이 이럴까. 그해 겨울에 정말로 복수전공 연수 신청 공문이 첫눈처럼 내게로 왔다.

이듬해인 2019년 3월, 체육을 공부하기 위해 지역의 한 대학교 기숙사로 들어가 복수전공 연수를 시작했다. 전국에서 20명 남짓의 선생님들이 모였다. 영어, 수학 등을 가르치면서 체육에 진심인 교사들이었다. 내게 축구가 그러했듯, 특정 종목에서 선수급 실력을 갖춘 분들이었다. 다만 보통의 체육 교사처럼 모든 종목을 다 잘하는 것은 아니었고, 기존의 체육 교사와 비교하면 체육 이론을 잘 알고 있는 상태가 아니었다. 그래서인지 수업과 실기 등 교육과정에 다들 열심이었다.

나는 야심(?)이 있었다. 이 복수전공 연수에서 1등을 하리라! 경쟁심이 불타올랐다. 성적을 산출하지만, 과목마다 일정 점수 이상을 획득하면 모두에게 자격을 주는 절대평가 연수다. 결석하지 않고 성실하게 수업과 평가에 임하면 굳이 높은 성적을 받겠다고 욕망하지 않아도 된다. 그런데 1등을 하겠다는 다짐은 또 뭐냐.

왜 1등을 하고 싶었을까? 주변에 잘 보이고 싶어서였다. 동료들이 말할 것 같았다. '저 사람이 국어에서 체육으로 전과한다는데, 과연 자질이 있을까?' 게다가 가냘픈 체격, 어리숙한 용모였으니 더욱 그랬을 것이다. 그러한 시선을 불식시키는 방법은 필기시험과 실기시험 모두 1등을 하는 것뿐이라고 생각했다. 복수전공 연수를 받는 동안 내내 스트레스에 시달린 기억이 선명하다.

6개월 뒤 연수가 끝나고 1등이 발표되자 마음이 편안해졌다. 나는 1등이 아니었다. 1등은커녕 한 10등 정도 되는 것 같았다. 열심히 했다. 열심히 공부했고 실기시험도 최선을 다했다. 문제는 마음가짐이었다. 1등이 아니라 그저 '열심히' 하겠다는 마음으로 연수를 받았다면, 지난 여섯 달의 삶이 훨씬 더 행복하고 풍요로웠을 것이라는 후회가 밀려왔다.

연수가 끝나 갈 무렵이었다. 스포츠사회학 교수님이 기시미 이치로와 고가 후미타케가 쓴 《미움받을 용기》를 연수생들에게 권했다. 신기하게도 책 속에 '지금 이 순간, 나는 무엇을 위해 살아가는가? 나는 왜 1등을 하려 하는가?'와 같은 물음이 있었다. 책에서는 매일매일을 춤추듯 즐기며 최선을 다하는 것 역시 행복이므로, 그 결과 자연스럽게 얻어지는 1등을 부정하지 않는다. 하지만 1등을 목적으로 현재를 저당 잡힌 채 살아가는 것은 의미 없다고 말한다. 찰나를 춤추듯 즐긴다면, 순간순간의 인생에 최선을 다한다면, 1등이 아니어도 이미 자신에게는 '1등'이 주어진 것이나 다름없다는 통찰은 내 마음과 머리에 어떤 맑음을 가져다줬다.

책을 읽은 다음 날에 탁구 및 배드민턴 실기시험을 치렀다. "이 책을 읽은 즉시(내 강연을 들은 즉시) 행복해질 수 있습니다!"라는 책의 말처럼, 시험을 보러 체육관을 향하는 발걸음이 무척 가벼웠다. 불안해하면서, 덜덜 떨면서 응시했던 기존의 시험과는 달리 최선을 다했고, 그렇게 응시 과정조차도 즐길 힘이 생겼다. 스포츠사회학 교수님의 책 소개와 내 인생의 변화가 이렇게 타이밍이 맞아떨어질 수 있다니! 이 작은 변화는 내 삶에서 커다란 변화의 시작이었다.

# 2부
# 장학사가 되다

# 공모 사업 혁신운영제

체육 복수전공 자격 연수를 마치고 무성한 고민과 무성히 키워진 근육을 바탕으로 교육청 업무를 다시 시작했다. 각종 학교 공모 사업을 총괄하는 업무를 배정받았다. 파견교사 시절에 하던 정책 사업 정비와 더불어 교육청 각 사업 부서에서 학교로 전하는 모든 공모 사업을 총괄하는 업무다. 교육청이 학교에 일정액의 예산을 교부하면 학교가 그 예산으로 공모 사업을 운영한다. 교육청에서는 그렇게 사용하는 예산을 '학교회계전출금'이라고 부른다. 주로 목적사업비의 성격을 갖는다(목적사업비 예산은 공모 사업 이외에도 많이 사용된다).

공모 사업의 성격을 제대로 살피기 위해서는 교육과정의 의미를 탐색할 필요가 있다. 학교는 무엇으로 운영될까? 기본적으로 교육과정이다. 교육과정은 "교육 목표를 달성하기 위해 선택된 교육 내용과 학습 활동을 체계적으로 편성하고 조직한 전체 계획"(《고려대 한국어대사전》)이다. 즉, 학생 교육 활동을 위한 최초의 계획서인 셈이다. 한국에서는 교육과정을 국가 수준에서 편성한다. 최근 들어 지역별·주제별로 다양한 교육과정이 만들어지고 있으나, 큰 틀에서 보면 국가 수준 교육과정이 기반을 이룬다. 일부 나라에서는 교육과정 편성 및 운영 권한을 단위 학교 또는 교사에게 부여하기도 한다. 이러면 교사의 교육권에 자율성과 권한이 커진다.

2024학년도에 초등학교 1학년생부터 순차적으로 적용된 '2022 개정 교육과정'을 간단히 살펴보자. 먼저, 국가 수준의 공통성을 바탕으로 지역, 학교, 개인 수준의 다양성을 추구할 수 있도록 학교 교육과정의 기준과 내용에 관한 기본 사항을 제시한다. 이를 바탕으로 추구하는 인간상, 핵심 역량, 학교급별 교육 목표가 나온다. 이어서 학교 교육과정을 설계하고 운영하는 절차 및 원칙, 유의 사항, 그리고 평가 방법 등을 제시한다. 학년별·교과별 수업 시간 배당 기준 등도 단위 수별로 상세하게 안내한다.

'2022 개정 교육과정'이 추구하는 인간상은 다음과 같다.

- 전인적 성장을 바탕으로 자아정체성을 확립하고 자신의

진로와 삶을 스스로 개척하는 자기주도적인 사람.
- 폭넓은 기초 능력을 바탕으로 진취적 발상과 도전을 통해 새로운 가치를 창출하는 창의적인 사람.
- 문화적 소양과 다원적 가치에 대한 이해를 바탕으로 인류 문화를 향유하고 발전시키는 교양 있는 사람.
- 공동체 의식을 바탕으로 다양성을 이해하고 서로 존중하며 세계와 소통하는 민주시민으로서 배려와 나눔, 협력을 실천하는 더불어 사는 사람.

이 네 가지 인간상의 구현을 위해 학교 교육활동 계획 수립에 필요한 자세한 사항이 교육과정에 제시돼 있다. 학교에서는 이것을 토대로 〈학교 교육과정 운영 계획서〉를 연초에 마련해 1년 동안 학생 교육활동을 운영한다. 즉, 교육과정은 연간 학교 운영의 가장 핵심적인 기반이자 종합적인 계획이다.

그런데 문제가 하나 있다. 연구학교, 시범학교 운영 등 이른바 각종 공모 사업을 학교에 요구하는데, 교육부나 교육청은 이러한 사업 역시 교육과정의 하나라고 본다는 것이다. 물론 운영하기에 따라 기존의 교육과정에 녹여내는 것은 얼마든지 가능하다. 사업 추진 역량이 있는 학교에서는 학생들에게 도움이 될 때도 많다. 모든 일이 그렇듯, 문제는 과유불급이다.

'공모'의 뜻은 공개 모집이다. 즉, 어떤 사업을 운영할 학교를 공개 모집하는 것이다. 이는 경쟁을 전제로 한다. 그렇다면 우선, 사업운영교로 선정되기 위해 사업계획서를 잘 만들어야 한다. 몇 사람이 달라붙어 사업계획서를 만든다. 사업 규모에 따라 다르며, 때로는 혼자 작성하기도 한다. 그렇게 애써 만들었어도 뽑힌다는 보장은 없다. 경쟁이 치열한 사업일수록 더하다.

이러한 공모 사업이 여러 개라면 선생님들이 작성해서 제출해야 하는 서류가 점점 더 많아진다. 사업운영교로 선정됐다고 하자. 학교 단위 공모 사업은 보통 1,000만~3,000만 원 안팎의 예산을 학교에 교부한다. 그 예산을 바탕으로 사업을 운영한다. 결과보고서와 정산서를 제출해야 한다. 매번 예산을 사용할 때마다 예산 지출에 필요한 품의 서류를 작성해 결재받고 영수증 처리하는 업무도 필수다. 많은 양의 사업을 이렇게 하다 보면, 교사 본연의 역할이 흐릿해진다. 수업, 상담, 생활교육, 학급 운영 등 학생 교육활동에 전념해야 할 교사들은 어느새 공모 사업을 위한 행정 업무에 많은 에너지를 쏟는다.

지금은 학교 문화가 달라졌지만, 예전에는 학교 공모 사업에 대해 교직원 등 학교 구성원의 의견을 수렴하는 경우가 많지 않았다. 의견 조사도 무기명이 아니라 이름 옆에 ○, ×를 표시하는 방식이었다. 토론이나 숙의 과정이 없을 때가 더 많았다. 이 사업 중 일부는 승진, 전보, 선택 가산점이 주어지기도 한다. 이를 학교 현장에서는 '연구점수, 승진점수, 가산점' 등으로 부른다. 흔히 공립학교에서는 3~5년 근무한 뒤 전근을 가는데, 특정 공모 사업을 운영하면 원하는 교사를 더 많이 초빙할 기회를 주기도 한다. 앞서 말했듯, 예산 확보 등 사업 자체가 학교 교육과정 운영에 도움이 될 때도 있다.

문제는 앞서 말했듯 적정량을 운영해야 한다는 사실이다. 잘 쓰면 약이 되고 지나치면 독이 된다. 적정량의 기준은 무엇일까? 교육과정 기반의 학교 운영이 가능한 수준에서 양을 뜻한다. 어느 시점에서 교사들이 수업에 전념하지 못하고 공모 사업에 시달리고 있다면 본말이 전도된 것이다. 과다하게 공모 사업을 운영하는 학교는 대개 그 사실을 학기 중에야 알아차린다. 의욕적으로 많은 사업을 하겠다고 해도 막상 학기 중이 되면 또 다른 업무로 일거리가 넘쳐난다.

나는 선생이고 두 아이의 학부모다. 학부모로서 학교에 바라는 것이 있다. 우리 아이가 선생님과 함께 있는 시간이 많았으면 좋겠다. 그리고 우리 아이만 그럴 수는 없으니, 가급

적 모든 학생에게 (꼭 수업 시간이 아니더라도) 그러한 시간이 비슷한 비중으로 돌아가면 좋겠다. 그렇다고 해서 선생님들의 일과 밖 시간을 침해해서는 안 된다. 되도록 하루 8시간 근무라는 선생님들의 노동시간 안에서 사제간의 만남이 이뤄져야 한다. 이것은 지속가능한 학교 교육을 위해 필요한 기반이다. 그러기 위해서는 무엇보다 선생님이 수업을 가장 우선시할 수 있도록 여건을 만들어야 한다. 그래야 선생님이 수업 준비나 교재 연구 등을 원활히 수행할 수 있다. 그런데 그 제한된 시간에 수업 등 꼭 필요한 교육활동과 학생들과의 만남 대신 공모 사업 같은 행정 업무가 더 많이 쌓인다면 어떻게 될까?

## 수업 중심의 학교 문화

교육청 차원의 공모 사업을 총괄한 나는 그런 관점에서 제도 하나를 구상했다. 내가 속한 교육청에서뿐 아니라 다른 곳에서도 시도하는 제도다. 이른바 사업 상한제 또는 사업 총량제 도입이다. 인천에서는 '공모 사업 혁신운영제'라는 이름으로 시행 중이다. 학교에서 공모 사업을 너무 많이 운용하지 않도록 하는 장치다.

이를 위해서는 우선, 교육청의 모든 사업 목록을 한데 모아야 한다. 그런데 어느 시도 교육청을 막론하고 이 작업이 생각보다 쉽지 않다. 실제 업무 추진에서 교육청 안의 사업 부서는 각각 독립된 교육행정기관으로 존재한다. 이를 예산으로 총괄하는 예산 부서, 정책으로 총괄하는 정책 부서 등이 없지 않지만, 각 사업 부서의 사업 운용을 타 부서가 관여하기 힘들다. 조직의 칸막이 문화가 생각보다 공고한 편이다. 그러다 보니 어떤 부서가 무슨 사업을 하는지 알기 어렵다. 따라서 모든 교육청 공모 사업에 상한제를 적용하려고 하면, 해당 사업 부서에서 추진하는 공모 사업 목록을 총괄 사업 부서에서 제출해 달라고 요청한다. 그런데 이것이 잘 취합되지 않으면 상한제, 총량제 등 제도의 이름은 그럴듯해도 실제 운영에서는 그 취지가 퇴색되고 만다.

  교육청의 각 사업 부서가 성과를 내기 위해 많은 사업을 생산하고 이것을 학교 현장에 요청하는 과정에서 학교는 수많은 공문을 받는다. 그러면 학교는 자의 반 타의 반으로 교육청에 관련 실적이나 성과 등을 제출해야 할 때가 있다. 교육부의 국책 사업 또는 교육청의 공약 사업 이행의 형태로 이뤄지는 공모 사업은 좋은 의도와 달리 과도하면 학교에서 수업 등 본연의 교육활동을 하는 데 방해가 된다. 따라서 필요 이상의 공모 사업이 운영되지 않도록 학교 내 사업 총량을 조정할 필요가 있다. 그것은 마치 건강한 음식이라도 과식해서는 안 되는 것과 같다.

또 학교 현장의 공모 사업 업무를 줄이기 위해 우리 교육청에서 도입한 제도 가운데 하나가 '학교 구성원의 민주적 의사결정을 통한 공모 사업 신청'이다. 사업 상한제와 더불어, 공모 사업을 진행하기 위해 교사들의 토론과 숙의, 무기명 비밀투표 과정을 거쳐서 찬성률이 50% 미만인 사업은 신청할 수 없다. 학교 현장의 반응은 나쁘지 않았다. 학교장이 학교 구성원의 의견 수렴 없이 일방적으로 교육청에 공모 사업을 신청하던 과거에 비해 진일보한 방식이었기 때문이다.

사업 상한제는 2025년 기준으로 시행 6년째를 맞이하는데, 갈 길은 여전히 멀다. 매년 각 부서의 사업을 모두 목록화하는 것이 생각보다 쉽지 않으며, 상한제가 적용되지 않는 예외 사업이 여전히 존재한다. 살펴야 할 변인도 여러 가지다. 무조건적인 사업 축소가 어떤 학교에서는 예산 부족 등 생각지도 못했던 역효과를 초래하는 경우도 있다. 동시에, 최근 몇 년 새 교원 정원이 줄어들면서 가뜩이나 더 늘어난 행정 업무를 소화하는 것이 예전보다 더 어려워진 부분도 감안해야 한다.

어떤 이는 이렇게 말할지 모른다. 수십 년 전에는 한 반에 학생이 60명이었다고. 그런데 지금은 한 반에 30명 안팎이지 않냐고, 이렇게 아이들 수가 줄었으니 선생님 수도 줄이는 것이 당연하지 않냐고 말이다. 국가 경제가 어려운데 선생님들 인건비로 많은 세금이 나가니 고통을 분담해야 하는 것 아니냐고 말이다. 그러나 교육에 대한 투자는 곧 미래 사회에 대한 투자다. 과거로 회귀하려는 것이 목적이 아니라면, 사교육에 잠식당하고 있는 공교육 상황을 타개하기 위해 교원 정원의 충분한 확보는 꼭 필요하다.

교육계 내적으로도 노력해야 할 일이 많다. 우선, 수업 중심의 학교 문화를 조성하는 일이다. 단위 학교만의 노력으로는 어림없다. 교육부와 교육청이 뒷받침해야 한다. 그러기 위해서는 상급 기관의 살 빼기가 필요하다. 비대해진 교육부와 교육청 조직을 줄이고 단위 학교 지원에 더욱 집중해야 한다. 그러나 해마다 교육부와 교육청, 교육지원청은 점점 더 비대해지고 있다.

교육부와 교육청의 규모가 커진다는 것은 사업이 그만큼 늘어난다는 뜻이고, 그것은 학교 현장에 업무 부담이 가중되고 있다는 뜻이다. 여러 차례 강조하지만, 학교 교육에서 가장 중요한 것은 수업이다. 그리고 상담, 동아리 활동, 생활교육, 학급 운영 등을 통해 선생님과 학생은 서로 성장한다. 그런데 그

본질이 어느새 사라지고 학교 교육은 더욱 경쟁적으로 변해 가고 있다. 학교 문화가 성과주의와 실적주의로 내몰리지 않도록 교육부와 각 시도 교육청은 사업 추진 방식을 재검토할 필요가 있다.

나도 장학사로서, 학교 현장의 공모 사업을 줄이고 수업 등 교육활동을 내실화하기 위해 치열하게 준비한 공모 사업 혁신운영제였다. 처음 시행하고자 한 첫해 겨울, 나름 설렘과 희망이 있었다. 몇 달 동안 이 일만 파고들었다. 학교와 교육청 사업 부서로부터 수백 통의 전화를 받았다. 당시 옆자리 주무관과 거의 대화를 나누지 못했다는 사실조차 일이 거의 다 끝나 갈 무렵에 깨달았다.

정책을 짜고 그에 걸맞은 제도를 만들었으니 이제 본격적으로 홍보할 시간이다. 보도자료를 만들고 다른 지역에 알려서 이를 전국적으로 퍼뜨리겠다는 의욕이 넘쳤다. 총량제 등 일부 사업에 대해 감축을 시행한 지역은 있어도, 거의 모든 사업에 대해 민주적 의사결정제까지 시행한 곳은 인천이 처음이었다. 교육청이 요구하는 공모 사업에 시달린 학교 현장에 가뭄의 단비 같은 역할을 할 수 있으리라는, 그래서 학교 현장의 교육활동 전념 여건 조성에 이바지할 수 있겠다는 마음이 컸다. 그렇게 새해를 맞이했다. 19살에서 20살이 되면

세대가 달라지고 삶의 느낌이 달라지듯, 그렇게 2019년을 보내고 2020년을 맞이하는 설렘이 있었다. 적어도 새해가 되기 전까지는.

# 업무 핑퐁

 2020년이 시작되자마자 코로나19 창궐로 전 세계가 그야말로 쑥대밭이 됐다. 감염병으로 온 사회가 혼란에 빠졌고, 한국 교육계도 예외가 아니었다. 교육청에서는 전년도에 준비했던 수많은 사업이 한 방에 멈췄다. 사회 전체가 멈춰 버린 마당에 '공모 사업 혁신운영제'는 일단 뒷전이었다. 코로나 사태에 어떻게 대응할 것인가가 몇십 배 더 큰 일이었다. 그즈음, 2019년 겨울에 나는 장학사 시험에 응시했고 2020년 3월에 장학사가 됐다. 파견교사 때와 마찬가지로 정책기획 업무를 계속해서 맡았다.

 학교에 갑자기 등교 중지가 선포됐다. 학생들은 집에 있게 됐다. 학교만 멈추지 않았다. 지역아동센터와 복지관 등 학생과 연계된 모든 기관의 운영도 동시에 멈췄다. 학교는 온라인

원격수업이 주를 이루는 가운데 몇 차례의 등교수업을 시도했다가 이내 중지하기를 반복했다.

그렇게 1년이 지났다. 겨울의 끝자락이었다. 한 학교에서 전화가 왔다. 형편이 어려운 학생들 가운데 일부가 지자체와 교육청, 민간기관 등 어느 곳으로부터도 지원받지 못하고 있다는 내용이었다. 지자체, 관계 기관, 교육청의 관련 부서에 전화해도 뾰족한 답이 없어 할 수 없이 내게 했다고 말했다. 가슴이 아팠지만, 나라고 뾰족한 수가 있는 것은 아니었다. 나는 학생 복지나 지원 관련 부서 소속 직원이 아니었다. 내 답변 뉘앙스를 감지했는지, 우선 만나만 달라고 간청했다. 만나는 것은 어려운 일이 아니었다.

날짜를 잡았다. 정작 만나자고 한 선생님은 급한 사정이 있어 오지 못했다. 대신 함께 일하는 다른 선생님, 그 선생님 학교의 교장선생님, 그 옆 학교의 교장선생님, 지역 국회의원 보좌관, 시의원, 지역 활동가가 함께 찾아왔다. 나는 나대로 우리 부서의 과장님에게 "그냥 만나기만이라도 해달래요"라고 가벼운 마음으로 보고했다. 그리고 함께 갔다. 우리만 가면 썰렁하니, 마을교육을 담당하는 과장님에게도 함께 가자고 했다. 그렇게 학교, 관련 기관, 교육청 사람 등 10여 명이 만났다.

찾아온 그들은 코로나19가 창궐한 지 1년이 된 시점에서 이른바 사각지대 위기 학생이 많아졌고, 이에 대한 교육청의 지원이 절실하다고 말했다. 내가 있는 부서가 정책을 기획하는 부서였기에 내게 연락한 것 같았다. 그렇다 해도 관련 업무는 세부적으로 나뉜다. 특히 나는 공모 사업을 주로 담당하고 있었기 때문에 면담 신청자들의 절실한 제안에도 불구하고 무언가를 도모하기란 쉽지 않았다. 관련 사업 부서에 선제적으로 제안하는 것도 마찬가지였다. 어떤 부서가 그 일을 한다는 것은 그 책임까지 모두 떠안는다는 것을 뜻하기 때문이다. 우선은 관련 부서에 내용을 전달하겠다는 취지의 형식적인 답변을 하고 만남을 끝냈다.

20여 일 뒤, 그러니까 새 학기 시작 직전과 직후에 우리 지역에서 연이어 사건이 터졌다. 아동학대 사망 사건과 학교 앞 화물차 교통사고 사망 사건이었다. 두 사건 모두 코로나19 상황과 무관하지 않았다. 평상시 같으면 어린이가 등교했을 테니 학대가 벌어질 가능성이 더 낮고, 교통 지도 등 등하굣길 교통안전이 확보돼 있을 것이었다. 한마디로 평상시 같으면 발생하지 않을 사고였다.

눈앞이 아득했다. 정신이 번쩍 들었다. 나는 누구, 여긴 어디인가? 학생이 죽었다. 내가 할 수 있는 일은 없을지 생각했다. 팀장을 찾아갔다.

"팀장님. 아무 부서에서도 관련 일에 나서려 하지 않는다면, 우리가 먼저 나서서 하면 어떨까요? 우리는 정책기획과니까 무엇이든 할 수 있지 않을까요?"

지나 생각하니, 이 말은 반은 맞고 반은 틀렸다. 왜냐하면 정책기획과는 정책을 추진하는 부서이지만, 그 정책을 추진하도록 여타 부서를 아우르는 부서이지 사업을 직접 실행하는 부서는 아니기 때문이다.

일단 팀장과 함께 교육감에게 상황 해결에 필요한 업무 추진 사항을 보고했다. 즉각 교육감 지시 사항이 발표됐다. 아동학대 예방, 마을 돌봄 및 학생 안전 등 더 촘촘한 '학생교육안전망' 구축을 위해 관련 부서 간 협업 TF팀 운영 방안을 모색하라는 내용이었다. 아동학대 부서는 학교생활 관련 부서이고, 마을 돌봄 중에서 마을은 마을교육 부서, 돌봄은 학생복지 부서, 학생 안전은 안전 부서 등으로 업무가 나뉘어 있었다. 다행히 학생교육안전망은 기존의 역점 교육정책으로 설정돼 있었다. 그러나 이 업무를 총괄하는 역할에 대해서는 네 부서 모두 난감해했다. 우리 부서가 컨트롤타워가 되고 내가 실무를 맡기로 했다.

우선, 교육청 안에서 함께 일할 사람을 모았다. 교육지원청 교육장, 교육청 본청 및 지원청 과장(장학관), 부이사관, 학교장, 장학사, 주무관 등 73명의 TF팀 위원을 일일이 섭외했다. 그리고 학교에 사업 취지를 담은 공문을 발송해 현장지원단을 모집했다. 희망하는 76명의 학교 선생님이 직접 참여 의사를 밝혔다. 이렇게 모인 149명과 함께 '인천 온 마을이 돌보는 교육 안전망 사업'을 시작했다.

### 온돌 사업

사람은 모았으나 정작 무엇을 어떻게 해야 할지 감이 오지 않았다. 처음 접하는 업무 영역이었다. 말 그대로 '맨땅에 헤딩'이었다. 사각지대 위기 학생을 지원해야 한다는 마음만 앞섰지, 어떻게 정책을 수립하고 구체적인 사업 계획을 짜야 할지 눈앞이 캄캄했다. 기존에 교육지원청 중심으로 교육복지안전망센터나 교육복지우선투자사업 등 관련 사업이 있었지만, 주로 저소득층 학생 대상이었다. 보편적 복지 차원에서 코로나19 이후 학생들의 통합 지원에 대해서는 그때까지 시도된 적이 없었다. 학교 현장에서는 이에 대해 여러 기관의 역할을 아울러 달라고 요청한 셈이었다.

일단 사업을 제안한 사람에게 물어봐야겠다고 생각했다. 자연스럽게 TF팀 위원 내부 회의에 강사로 나서 줄 것을 (정작 첫 만남 때는 참석하지 못한 그) 선생님에게 요청했고, 선생님은 흔쾌히 수락했다. 관련 예산이 없으니 강사 수당 지급은 언감생심, 없는 예산 끌어다가 회의 장소 섭외하고 어쩌고 하는 것만으로도 정신이 없었다.

〈마을이 함께 돌볼 수 있을까?〉라는 제목의 선생님 강연 내용을 요약하면 이렇다.

1. 우리가 여기 모인 이유는 무엇인가? 채 한 달도 안 됐는데 아동학대 사망 사건과 등굣길 교통사고 사망 사건이 우리 지역에서 발생했다.
2. 코로나19 국면에서 전국적으로 이러한 사건이 끊이지 않는다. 우리의 역할은 어디까지고, 우리의 책임은 어디까지고, 우리의 능력은 어디까지인가?
3. 국가적으로 보더라도 우리 모두의 아이, 그리고 학교와 마을이 함께 돌보겠다는 취지의 온종일 돌봄 정책 간담회에서의 대통령 담화에도 불구하고, 중앙정부는 보건복지부와 교육부가 서로 업무 핑퐁만 하고 있다.
4. 지방정부 또한 마찬가지다. 광역자치단체와 교육청, 기초자치단체와 교육지원청 또는 학교가 학교 돌봄터를 통해 지역돌봄협의회를 구축하고자 하나 업무 협업이 제대로 이뤄지고 있지 않다.

5. 여기에 우리 지역에서는 순차적 등교수업이 이뤄지면서 오히려 긴급 돌봄 아동의 중식 지원이 끊길 위기에 처해 있다.
6. 지자체가 돌보면 아이들은 안전할까? 아이들은 잘 성장할까? 아이들의 삶은 분절적이지 않은데, 우리는 분절적 업무로 이를 해결하려 하는 것은 아닐까? 우리도 총체적으로 접근해야 하지 않을까? 어디까지가 돌봄이고 어디까지가 교육일까? 한 가지 확실한 것은 교육이든 보육이든 공통 글자로 '기를 육(育)' 자가 있다면, 이 공통 글자가 갖는 시사점이 있지 않을까?
7. 함께 돌봐야 아이들은 건강하게 성장한다. 함께 돌봐야 삶의 힘이 자란다.

강연을 듣고 나니 조금 감이 잡혔다. 원래는 사업명이 '온 마을 함께 돌봄'이었다. 그런데 '돌봄'이라는 두 글자가 들어가니 기존의 초등 돌봄 사업과 헷갈린다는 의견이 있었다. 강연을 듣고 추진단 구성원들의 투표를 통해 '온 마을이 돌보는 교육 안전망(온돌)'으로 사업명을 바꿨다.

시간은 빠르게 흘러갔다. TF팀이 여러 차례 모여 내부 회의 및 각 지역의 교육지원청 교육복지안전망센터 직원과의 간담회를 열어 협업 방안을 모색했다. 어떤 방향으로 이 난국을 헤쳐 나갈지 지혜를 모으는 한편, 관련 기관을 찾아가 방법을 모색했다.

가장 먼저 시청의 부시장을 찾아갔다. 부시장은 코로나19 사각지대 위기 학생 지원을 위해 시청과 교육청이 협력해야 한다는 우리의 제안에 깊은 관심을 보였다. 또 각 구청과 군청을 찾아가서 협조를 요청했다. 이 사업이 성공적으로 안착하기 위해서는 지방자치단체, 즉 마을과 연계하지 않으면 안 되기 때문이었다. 교육청 내 연구 기관인 교육정책연구소 산하 현장연구팀에 정책 연구 수행을 제안했고, 시의회와 공동으로 교육 안전망 관련 공동 정책 토론회를 열었다. 온라인으로 학교 현장 교직원 대상 정책 설명회도 진행했다.

이 사업은 어느 정도 성과가 있었으나 많은 지역과 학교로 기대만큼 퍼져나가지는 못했다. 무엇이 문제였을까? '온돌'은 사업의 특성상 기존의 학교 행정조직 구조에서 소화하기가 쉽지 않았다. 학교의 여러 부서가 소통과 협업을 통해 공문을 접수하고 사업하기를 바랐지만, 학교는 원격수업과 학생 관리를 해내는 것조차 녹록지 않았다. 등교수업 기간에는 감염병 전파 차단을 위해 방역 작업까지 해야 했다. 특수한 상황이라 평상시보다 힘을 더 쏟는 것은 당연했지만, 코로나

19가 언제 끝날지 알 수 없는 상황에서 무한정 역량을 소진할 수도 없는 노릇이었다.

난항은 계속됐다. 이 사업을 교육청이 아니라 구청, 시청 등 지자체가 주도해야 한다는 의견이 나왔다. 타당한 점이 있었다. 왜냐하면 학생들은 학생이기 이전에 시민이자 마을 주민이기 때문이다. 코로나19 국면에서 발생하는 위기 상황은 '학습'이라는 범위를 훨씬 넘어선다. 주거, 생계, 생활뿐 아니라, 안전, 교통, 건강, 돌봄, 복지, 심리, 정서, 방역, 보건, 위생, 시설, 피복 등 전방위적인 영역에서 위기 상황에 놓일 수 있다.

그나마 코로나19 이전에는 학생들의 주된 생활공간이 학교여서 학생들의 위기 상황을 교사가 파악할 수 있었다. 그러나 코로나19로 등교가 멈춘 상황에서 학교 단독으로는 학생 개개인의 위기 상황을 파악하기 어렵다. 이때 작동이 가능한 공동체가 바로 마을이다. 마을에는 지자체 차원의 시, 군, 구, 읍, 면, 동, 통, 반 등 체계적 관리 구조가 있으며, 지역사회보장협의체 등 네트워크가 있다. 특히 코로나19와 같은 국면에서 지자체, 마을, 학교가 보건, 생활, 학습, 정서 지원 등의 영역에서 공동으로 협력하지 않으면 사각지대에 있는 학생은 방치되고 만다.

여러 이유로 시행 계획은 쉽게 설재가 나시 않았나. 시산은 점점 흘러갔고 예산 지원 등을 요구하는 학교의 목소리는 더욱 커졌다. 학교 현장을 방문하거나 집합 연수를 추진하는 것은 감염 우려 때문에 어려웠다. 대신 온라인 원격 형태로 희망하는 현장지원단 선생님들에 대한 사업 설명회를 이어갔다.

사업을 추진하기 위해서는 예산이 필요하다. 제반 안내와 더불어 재정이 필요한 학교에 예산을 지원할 수 있도록 추경예산을 확보하는 일이 시급했다. 다행히 시의회에서는 사업의 필요성을 깊이 공감했다. 관련 추경예산을 확보할 수 있었다. 이를 바탕으로 2학기부터 희망하는 20여 개 학교를 대상으로 예산을 지원했다.

전방위적으로 긴급한 지원이 이뤄지도록 했다. 예를 들어, 결식 학생 지원 및 관련 프로그램, 자동차 운전자 시인성 강화 및 등하굣길 보차도 개선, 학교 안팎 안전 표시물 등 시설 안전, 응급처치·안전 관련 교육 및 자전거 안전 장구 지원, 부상·질환 등에 따른 치료 및 건강 증진 관련 프로그램 등 학생의 생활 영역 전반에서 필요한 지원을 총망라했다. 또한 마을 협의체에 참가하는 방법으로는 읍·면·동 지역사회보장협의체에 학교장 또는 학교 구성원이 참여하거나, 학교가 주도해 마을 내 교육 안전망 협의체를 구축하도록 권장했다.

과제도 남았다. 앞서 말했듯이 이 사업은 모든 학교에 파급

되지 못했다. 또 지금도 다양한 형태로 교육 사각지대 위기 학생이 존재하는데, 이에 대해 교육청이나 학교의 각 사업 부서 간 협업 구조를 정착시키기 위해서는 해야 할 일이 많다. 그리고 이와 비슷한 사업을 그해 여름부터 교육부도 '교육 회복'이라는 이름으로 시작했는데, 여기서도 이 온돌 사업을 처음 시작했을 때와 비슷한 시행착오들이 반복됐다. 업무를 효율적으로 나눔과 동시에 필요한 역할을 서로 협업하는 일은 생각보다 쉽지 않다. 이는 코로나 전이나 후나 이른바 부서 간 '업무 핑퐁' 현상으로 주로 나타났다.

## 부서 간 칸막이 문화

코로나19가 사라질 기미가 안 보이던, 봄에서 여름으로 가는 때였던 것 같다. 같은 사무실에서 근무하는 장학사 3명이 점심을 먹고 잔디광장을 산책했다. 우리 부서는 업무를 조정하는 곳이기도 해서, 이 업무 핑퐁 때문에 상당히 지쳐 있었다. 갑자기 개 한 마리가 광장을 가로지르며 달려갔다. 순간, 누가 먼저랄 것도 없이 서로 수다를 주고받기 시작하더니 이내 한 편의 상상 속 이야기를 만들어냈다.

"교육청 잔디광장에 목줄 없는 개가 뛰어다니는 것을 본 시민이 시 교육청 민원실에 민원을 넣었어. 민원실에서는 이 민원을 어느 부서에든 이첩해야 했지. 민원실에서는 시설관리 문제라고 생각해 총무 부서로 보냈어. 그랬더니 총무 부서에서는 이건 안전에 관한 사항이라며 접수를 거부했지. 그래서 안전 부서에 넘겼더니, 우리는 생활 안전만 담당할 뿐 시설 안전은 시설관리 부서래. 그래서 시설관리 부서에 보냈더니, 그곳에서는 동물권 보호와 관련 있으므로 유사 부서인 인권 보호 부서에 이첩해야 한다고 했어. 인권 보호 부서에서는 이건 감염병과 관련한 사항이라며 보건 부서로 이첩을 요구했고, 보건 부서에서는 개가 문다고 감염병이 발생하는 건 아니라며 반사했지. 할 수 없이 부서 지정을 위해 조정을 해달라며 민원실은 정책기획조정실로 민원을 다시 보냈고, 정책기획조정실은 도저히 조정이 불가능해서 '개 목줄 착용 추진 TF팀'을 구성하기로 했어. TF팀은 모여서 회의한 뒤, 우선 푯말을 잔디광장에 설치하기로 하고 추경예산을 요구했지. 그러나 시의회에서는 코로나 관련 예산이 아니라면서 예산 요구액을 전액 삭감하고 말았어. 어이가 없어진 정책기획조정실 장학사 3명은 '다 관두자'라며, 그냥 A4 용지에다가 매직으로 '개 목줄 착용 필수'라고 써서 광장 한쪽에 테이프로 붙여 놨어. 그랬더니 그 뒤로는 개들이 모두 목줄을 착용했대. 끝."

이와 비슷한 상황이 있었다. '온돌' 사업을 시작하기 전이었다. 민원실에서 이런 내용의 민원을 받았다(민원 내용을 있는 그대로 공개할 수 없으므로, 취지를 담되 내용을 대폭 각색했다). '장애가 있는 다문화 초등학생이 원격수업 때 제공되는 학교급식을, 집에서 안전상의 이유로 학교에 가지 못하게 해 며칠간 못 먹어서 아동학대의 상황으로 비화했으니 이를 해결해달라.' 이 민원은 어느 부서에서 맡아야 할까? 일반적으로 장애 학생에 관한 업무는 특수교육 부서에서 담당하고, 다문화 학생은 다문화 부서가 맡는다. 초등학생이니 초등교육과일 것 같은데, 학교급식으로 생긴 문제니 급식 관련 부서일 수 있다. 그런데 아동학대 상황이므로 이것은 또 학교생활 부서다. 해당 부서 모두 이 민원에 대해 소관 부서로서 민원 배당 받는 것을 거부하는 상황이 수개월 동안 지속됐다.

업무 핑퐁의 반대말은 협업일 것이다. 교육부나 교육청이 업무 핑퐁을 하면 학생들이 제대로 된 교육을 받지 못한다. 양쪽 사이에서 현안이 표류하는 동안 필요한 학교 지원이 이뤄지지 못하기 때문이다. UC버클리의 모튼 한센(Morten Hansen) 교수는 협업을 "이해관계자들이 소통과 협력을 통해 공동의 목표를 달성하고 성과를 창출하는 행동"이라고 정의하고, 조직 안에 흩어진 자원을 효과적으로 연결하는 역량을 강조했다.

협업의 저해 요소를 얘기할 때 흔히 '사일로(silo)' 문화를 예로 든다. 인천 월미도에 가면 벽에 그려진 거대한 곡식 창고 여러 개를 볼 수 있다. 이것을 사일로라고 한다. 이를테면 소니의 기업 문화는 각 부서의 성과 창출 저장고가 사일로처럼 각각 독립된 구조였기에 성과를 공유하기 어려웠다고 한다. 반면 애플은 각 부서가 성과를 공유하는 구조였기에 협업이 좀 더 공동으로 이뤄졌다고 한다.

협업 장벽의 대표적 사례가 9·11 테러다. 미국 중앙정보국(CIA), 연방수사국(FBI), 국가안보국(NSA), 국방정보국(DIA)을 비롯해 15개 정보기관이 알카에다의 모든 행동을 사전에 인지하고 있었다고 한다. 그런데도 9·11 테러를 예방하지 못한 이유는 각 기관이 자신들의 목표에만 집중하고 타 조직과의 협력에는 관심을 보이지 않는 전형적인 협업 장벽 때문이었다. 리 H. 해밀턴(Lee Herbert Hamilton) 9·11테러 진상조사위원회 부위원장은 "9·11테러 이전에 정보기관들은 각기 다른 부문의 의사들이 제각기 검사를 하고 처방을 내린 것과 같이 행동했으며, 그 의사들이 협업해 움직이도록 종합적인 판단을 내리는 주치의(컨트롤타워) 역할을 하는 존재가 없었다"라고 진단했다(이상현, "성과를 창출하는 협업이 '협업'이다", 〈CNB저널〉, 2014.1.6.).

협업 역량을 강화하기 위해서는 부서 간 칸막이 문화를 없애야 하며, 이를 위해 컨트롤타워 역할을 할 부서가 필요하다. 특히 코로나19 유행기에 교육청 안팎에 관련 컨트롤타워가 필요한 이유는 학생들의 문제 상황 역시 복합적으로 발생했기 때문이다. 생활 문화, 학습 역량, 신체 발달 상황 등은 긴밀하게 연결돼 있다. 이것을 분야별로 분류하면서도 서로 유기적으로 협력하도록 하는 협업 체계 구축은 꼭 필요하다. 이른바 포스트 코로나 시기가 도래해도 상황은 마찬가지일 것이다.

최근에는 학교 현장에서 업무 분장과 관련해 교육청으로 민원을 제기하는 사례가 있다. 단위 학교에서도 업무 핑퐁이 있다는 뜻이다. 민주적 관점의 업무 분담이 필요한 이유다. 교육청에서든, 학교에서든 각 부서나 개인이 맡을 업무를 일방적으로 지정하는 것이 아니라, 개인에게 부여될 적정 업무를 먼저 토론한 뒤 업무를 배정한다면 업무 분담 시 핑퐁 현상을 줄이는 하나의 방법이 될 수 있을 것이다.

# 장학사직장협의회를 만들다

 코로나 2년. 무언가를 힘겹게 도모한 두 해의 끝이었다. 그동안 아이들과 많이 있지 못했다는 미안함이 컸다. 육아휴직을 했다. 얼마간은 살림도 온전히 내몫이 됐다. 2022년 3월, 작정하고 싱크대 앞에 섰다. 낯설었다. 이제 아침마다 아이들에게 꼬마김밥을 해 주겠다며 채칼과 단무지, 당근 등 김밥 재료를 한가득 샀다. 뜻대로 될 리 만무하다. 단 한 끼만에 아이들은 아빠가 만든 김밥이 사 먹는 김밥과는 차원이 다른 맛임을 알아차렸다.

 설거지는 또 어떤가. 어쩌다 한 번 하는 것하고 끼니마다 하는 것은 차원이 다르다. 아내에게 미안한 마음이 앞섰다. 한 번도 눈여겨보지 않던 수도꼭지를 열어 본다. 수도꼭지 안쪽 테두리에 흑갈색으로 정교하게 곰팡이가 피어 있다. 아니,

여기에서 나오는 물로 그릇을 씻었단 말이야? 아무리 깨끗하게 닦으면 뭐 하나, 물이 나오는 꼭지가 지저분하면 말짱 도루묵인데…. 수세미도 마찬가지다. 그것 먼저 깨끗하게 하고 볼 일이라는 생각이 들었다. 그러던 와중에 개미들이 사이좋게 줄지어 어디론가 기어간다.

그렇게 개미들이 한 3개월 정도 지나갈 때까지는 머릿속에 어떤 생각도 나지 않았다. 머리를 비우니 조금 살 것 같았다. 6월 25일 새벽 2시쯤이었다. 유독 날짜가 기억난다. 체육이 내게로 온 날처럼 하나의 생각이 떠올랐다. 입시 경쟁 교육 해소를 위해 장학사노동조합을 만들자고. 그런데 낱말들이 서로 앞뒤가 안 맞는다. 입시 경쟁 교육 해소, 장학사, 노동조합.

## 6개월 동안 만든 9줄

장학사는 노동조합을 만들 수 있을까? 노동청에 문의하니 가능하단다. 마침, 최근에 국제노동기구(ILO)의 권고에 이어 관련 법이 개정되면서, 장학사 역시 사용자의 지위에 있지 않아 2인 이상으로 구성된 단체가 노조설립신고서를 제출하면 승인된다고 했다. 즉, 국제노동기구 핵심 협약 비준을 위해 개정된 공무원의 노동조합 설립 및 운영 등에 관한 사항을 한국에서도 2021년 7월에 법률로 제정하면서 길이 열렸다. 이미 스웨덴, 미국, 핀란드 등에서는 교육 분야의 다양한 종사자를 대상으로 노동조합이 활동하고 있으며, 한국에서는 2024년 7월에 전라남도교육청에서 전국 최초로 장학사노동조합, 곧 교육전문직노동조합이 탄생했다.

나는 입시 경쟁 교육을 해소해 보겠다고 교육청에 들어왔다. 그런데 시간이 흐르면서 제도적 교육행정의 틀 안에서 한계를 느꼈다. 입시 경쟁 교육을 해소하는 것은 기본적으로 지방 사무(교육청 업무)가 아니라, 국가 사무(교육부 업무)이기 때문이었다. 다룰 수 있는 한계가 분명했다. 가령, 대학 서열화 체제 완화 및 지역 균형 발전 차원에서 이재명 정부가 역점적으로 추진하려는 교육 공약인 '서울대 10개 만들기' 정책은 시도 교육감이 목소리를 낼 수는 있어도, 이에 대한 실무적 역할을 할 수 있는 법률적 권한이 없다. 이것은 '교육부와 그 소속 기관 직제' 제10조의 '고등교육 기본 정책의 수립·시행'으로 교육부 인재정책실에 관련 업무가 부여돼 있다. 게다가 장학사를 그만두고 다시 평교사가 되지 않는 한 나는 전교조 조합원이 될 수 없었다. 그렇다면 내가 선 자리에서 최선을 다해 보자고 마음먹었다. 전국 단위의 장학사노동조합을 만든다면, 교육부와의 교섭 등을 통해 이러한 문제를 해결하는 데 조그만 역할이라도 할 수 있지 않을까?

먼저 사람들을 만났다. 입시 경쟁 교육을 해소하기 위한 노력이 '기만'이 되지 않기 위해서라도 누군가는 이 길을 제대로 가야 하지 않겠냐고 말했다. 반응은 다양했다. 몇 사람이 뜻을 함께하겠다고 했다. 의아하다는 반응도 있었다. 그것은 교원단체가 할 일이라고 했다. 맞다. 그동안 여러 교원단체가 해 온 일이다. 하지만 교원단체의 역량이나 교육 운동 차원만으로 한계를 느꼈다면, 행정 권한이 있는 교육청 장학사가 교육행정의 차원에서 함께 도모하면 더 큰 시너지 효과가 있지 않겠냐고 반문했다.

교육청 내적 차원의 이유도 있었다. 각 시도 교육감의 정책 추진에 대해 장학사들이 의견을 낼 수 있어야 한다는 점이었다. 어떤 조직이든 견제와 균형의 원리는 필수다. 견제받지 않은 권력은 어떤 형태로든 문제가 발생한다. 이에 대해 교육청이 학교 자치를 강조하는 만큼 교육청 스스로 '교육청 자치'의 차원에서 다양한 목소리를 낼 수 있어야 한다고 생각했다. 다양성 존중, 그것은 민주주의의 핵심 가치이며 교육청 정책의 변증법적 발전을 위해서 꼭 필요하다.

우선 모임을 띄워 보자고 했다. 마치 육지에 있는 배를 바다에 갖다 놓기 위해 몇 사람이 어깨에 메고 꾸역꾸역 끌고

가는 형국이었다. 물가에 도달하기만 하면 그 배는 물결 따라 가리라는 심정으로. 지역 내 모임을 만들면서, 동시에 전국적 네트워크를 만들기 위해 다른 시도를 찾아다니며 장학사들을 만났다.

처음에는 비록 5명으로 출발했지만, 몇 개월 동안 함께 모여 토론을 거듭하며 모임의 비전, 철학, 목표 등을 만들었다. 우리는 이것을 '6개월 동안 만든 9줄'이라고 부른다. 짧은 글이지만 우리가 나아갈 방향에 대한 꽤 오랜 고민을 담았다. 그리고 노동조합이라는 거창한 이름 대신, 나중에 바뀔 수 있다는 점을 전제로 우선 직장협의회 형태로 운영하기로 했다.

■ 비전
- (상상하는) 학생을 먼저 생각하는 교육전문직
- (깨어있는) 교육청 민주주의를 실현하는 교육전문직
- (실천하는) 경쟁 교육을 넘어 서로를 살리는 교육전문직

■ 철학
- 학생들의 삶 중심의 교육을 위한, 〈상호 협력〉의 교육공동체
- 혁신과 성찰에 기반한, 〈자치〉와 〈민주〉의 교육공동체

- 경쟁을 넘어 참세상을 살아가는, 〈행복〉의 교육공동체

■ 목표
- (단기) 전문성을 강화하는 교육전문직(장학사 등) 협의체를 통한 교육청 자치 역량 제고
- (중기) 주제별·분과별 운영을 통해 입안된 혁신교육정책의 기획 및 실천
- (장기) 인천 및 전국의 제 교육단체 간 교류를 통한 혁신교육 실현

그 사이 전국적 차원의 모임을 동시에 추진했다. 장학사 협의체의 필요성을 체감하며 이미 해당 지역 교육청 안에서 모임을 조직해 운영하는 사례가 있었고, 인천 지역과 비슷한 시기에 모임을 만든 곳도 있었다. 노동조합, 직장협의회, 독서모임 등 형식에 대해서는 의견이 다양했지만, 모임의 필요성에 대해서만큼은 광범위한 공감대가 있었다.

전국 회의에서 함께할 사람들에게 의제를 제안했다. '입시 경쟁 교육 해소'를 협의체의 주요 의제로 해서 모임을 만들면 어떻겠냐고 했다. 다만 다양한 관점이 있을 테니 의제를 톱다운의 방식으로 정하기보다, 각 지역의 다양한 현안들을

장학사 개개인이 업무 수행하는 과정에서 자연스럽게 문제의식으로 발현할 수 있도록 하는 것이 좋겠다고 의견이 모아졌다. 입시 경쟁 문제는 어느 한 시기에 굳어진 문제가 아니니 긴 호흡으로 내부 학습을 통해 동력을 키워야 한다는 취지였다. 그 과정에서 자연스럽게 주요한 교육 의제가 떠오를 것이고, 결국 입시 경쟁 교육 해소가 우리 교육의 근본적 의제로 솟아날 수 있다는 뜻이었다.

우리는 그 뒤 몇 차례의 모임을 더 가졌고, 이를 통해 전국 교육전문직협의회의 필요성, 목적, 방침 등을 다음과 같이 정리했다.

■ 배경 및 필요성
- 학교 자치 등 교육 자치 구현 주체로서의 교육청 자치 역량 강화 필요성 대두
- 분권과 혁신의 가치를 담는 교육정책의 전국 교육전문직 간 상호 공유 및 확산
- 입시 경쟁 교육 해소 등 본질적 교육 의제 구현을 위한 실무 기반의 교육정책 실천

■ 추진 목적

- 지역별 교육전문직 모임 구성 및 운영을 통한 단위 교육청 내 자치 역량 확보
- 시도 간 교류를 통한 교육 현장의 다양한 혁신 정책 의제 발굴 및 담론 형성
- 분과별 전국 모임 운영을 통해 입안된 혁신 정책의 지역별 기획 및 실천

■ 추진 방침
- 시도별 교육전문직 모임 구성 및 운영은 지역별로 여건에 맞게 다양하게 추진
- 효율적인 전국 네트워크 구축을 위해 관련 기구 마련 도모
- 교육부, 국가교육위원회, 국회 등 제도적 차원의 정책 실천을 위한 상호 네트워크 모색

■ 세부 계획
- 시도별 전현직 교육전문직 모임 구성 및 운영
- 참여 단위: 현장의 교육 주체(전현직 교육전문직 외 교직원·시민 등도 포함 가능)
- 분과 구성: 참여자의 담당 실무 및 역량을 고려
  - 내용별: (예시) 교육과정, 대입 제도, 교육 안전망, 마을

교육공동체, 학교폭력, 인사 등
  - 직제별: (예시) 사무-행정, 교육-연수, 주제-연구, 대외-협력, 언론-홍보 등
- 운영 기조
  - 단순 공부 모임을 넘어선 정책 실천 도모로 중장기적인 질적·양적 성장 기반 마련
  - 지역 교육 관련 단체와의 연대 활동 강화

전국 모임에서 담론을 나누는 것과 더불어 우리 지역 모임을 더욱 활성화했다. 어느덧 20명 넘는 장학사들이 모였다. 회의 때마다 모두가 모이지는 못했지만, 모일 때마다 '6개월 동안 만든 9줄'을 공유했다. 그리고 공식 회의를 거쳐 〈첫걸음: 장학사를 말하는 진짜 포럼〉이라는 제목으로 2023년 6월에 출범식을 열었다.

1년 동안 회장인 듯 회장 아닌 회장 같은 역할을 한 나는 성대한(?) 행사를 치른 뒤 조금 지쳤다. 그래서 지속가능한 모임이 되기 위한 방안을 논의했다. 모임 이름을 '마요', 즉 '마음과 정책을 나누는 요람'으로 정했고, 모임의 나아갈 구체적 방향을 논의했다. 사람들은 무엇보다 '이슈파이팅'을 줄이자고 했다. 모임이 오래가려면 구성원들이 공부를 먼저 해

야 한다고 했다. 또 '모임'은 서로가 친해지는 것이 중요하다고 했다.

우리 모임은 그동안 이 두 가지가 부족했다. 각자 공부할 만큼 한 사람들이었지만, 모임 속에서 깊이 있는 주제를 가지고 집단지성을 제대로 구현해 본 적은 없었다. 그리고 개인적 끈끈함이 아니라 공적 의제에 공감해서 모인 까닭에 '안전하게', 즉 마음을 터놓고 이야기할 수 있는 공간이 아직은 아니었다. 인간적으로 매우 친해진 것은 아니라는 뜻이다. 모두 공감했다. 이제 외부로 목소리 내기를 최소화하고 내실 다지기에 집중하자고 했다. 그게 7월 14일 금요일의 일이다.

그런데, 나흘 뒤 서이초 사건이 일어났다.

# 서이초 사건

친하게 지내는 한 선생님으로부터 다음과 같은 문자메시지를 받았다.

"선생님들, 슬픈 소식입니다. 서울의 초등학교 1학년 선생님이 학교에서 스스로 목숨을 끊으셨다고 합니다. 삼가 고인의 명복을 빕니다."

서이초등학교의 한 선생님이 사망한 것은 2023년 7월 18일 아침이다. 포털사이트에 들어가서 처음으로 뉴스가 뜬 시각을 확인했다. 당일은 뉴스 보도가 없었고, 7월 19일에 언론을 통해 알려졌다.

두 달 동안 전례 없는 규모로 선생님들의 집회가 계속됐다. 그동안 뉴스로 잘 드러나지 않았던 교권 침해 사건들이 봇물 터지듯 보도됐다. 각 시도 교육감도 SNS나 의견서를 통해 추모의 뜻을 타전했고, 현장 교사들도 뜻을 모았다. 돌아가신 선생님의 49재를 치르는 9월 4일에 '서이초 교사 추모 집회'를 열기로 선생님들 사이에서 의견이 모아졌다. 교장, 교감 등 학교 관리자와 평교사의 생각 또한 크게 다르지 않았다. 특히 초등학교에서는 추모의 분위기가 더 컸다. 9월 4일을 '임시휴업일(재량휴업일)'로 지정하기 위해 단위 학교 공동체 안에서 논의가 이뤄지고 있었다.

'마요' 단톡방도 분주해졌다. 우리가 나서야 한다는 의견이 나오기 시작했다. 하지만 불과 며칠 전에 모여서 결정한 것이 있었다. 이슈나 현안에 대해 목소리를 내기보다 모임 내부를 튼튼히 할 수 있도록 공부하고 소통하는 시간을 만들자고. 그런데 공부하고 소통하기도 전에 급박한 교육 현안이 터졌다. 어떻게 해야 할까?

여러 교원단체에서 9월 4일에 '공교육 정상화 촉구 공동 기자회견'을 한다며 참여 단체를 조직하고 있었다. 나는 장학사직장협의회 이름으로 기자회견에 참여하자고 제안했고, 단톡방에서 이를 두고 토론과 투표가 이뤄졌다. 제안은 부결됐지만, 그 과정에서 공교육 정상화를 위해 필요한 점과 장학사의 역할 등에 대해 고민을 나눌 수 있었다. 8월 31일의 일이다. 여기까지는 큰 문제가 없었다. 문제는 교육부였다.

하루 뒤 교육부는 언론을 통해 9월 4일의 서이초 교사 추모 집회에 참여하면 징계하겠다는 방침을 밝혔다. 17개 시도 교육청을 통해 전국 학교에 사실상의 징계 협박이나 다름없는 공문을 발송했다. 공문에 따르면, 징계의 근거는 "임시휴업의 경우 학교장이 관련 법령을 위반해 임시휴업을 강행한 행위는 재량권의 일탈·남용에 해당하며, 임시휴업을 결정한 학교장에 대해서는 국가공무원법 제78조 등에 따라 최대 파면·해임의 징계까지 가능하고, 형법 제123조의 직권남용으로 형사고발 가능. 연가·병가의 경우 성실의무, 복종의무, 직장이탈금지 위반, 집단행위금지 위반 등으로 연가·병가를 승인한 교장 및 사용 교원에 대해 국가공무원법 제78조 등에 따라 최대 파면·해임의 징계가 가능하며, 동법 제66조 제1항을 위반한 우회파업에 해당하므로 동법 제84조의2(벌칙)에 따라 형사고발 가능. 집회 참석의 경우 국가공무원법 제66조의 집단행위금지의무 위반으로, 국가공무원법 제78조 등에 따라 참석자에 대해 최대 파면·해임의 징계가 가능하며, 동법 제84조의2(벌칙)에 따라 형사고발 가능"이었다.

현장 교사들은 분노했다. 장학사을 비롯한 교육청 직원들도 겉으로 잘 표현하지 않았지만, 울분이 컸다. 한 교육청에서는 장학사들이 직접 나섰다. 39명의 장학사가 실명을 밝히고 현수막을 내걸었다.

"교육부장관님, 학교 자치를 보장해 주십시오."

"교육부장관님, 교육공동체의 결정을 존중해 주십시오."

이러한 장학사들의 행동은 사회적으로 많이 알려지지 않았다. 하지만 교육계 안에서는 나름의 파장이 일었다. '교육전문직'으로 불리는 장학사들이 현수막 형태로 실명을 걸고 공동의 의사를 밝힌 일은 아마 교육계에서 처음일 것이다.

"우리도 이렇게 현수막을 걸어 입장 표명 또는 요구사항을 제시하는 건 어떨까요?"

우리 모임에서도 이와 비슷한 내용으로 현수막을 걸자고 어느 장학사가 제안했다. 카톡방에서 토론이 시작됐다. 조용했던 카톡방이 연달아 카톡, 카톡 소리를 냈다.

"한 점으로서 함께할 수밖에 없었던 지금의 한계에서 한 발짝 나아가 우리의 의사결정이 담긴 목소리를 내어보는 것도 소소하지만 현장에 힘이 될 것 같습니다."

"교육부에 '저기도 우리에게 반대하는 사람(교육전문직)들이 또 있구나'라는 걸 알리는 효과가 있다고 생각합니다. 튀어나온 못은 맞겠지만, 수도 없이 많은 못이 튀어나오면 다 때리지는 못하겠죠. 두 번째로 튀어나온 못이 돼 보면 어떨까요?"

"때로는 아무 열매나 이익이 없더라도 동의와 지지가 필요할 때가 있다는 의미에서 침묵보다는 그나마 소극적인 지지라도 하는 것에 찬성합니다."

"이번 정부는 그렇게 튀어나온 못을 결국 다 때려잡을 것 같기는 합니다. 그래도 먼저 가신 서이초 선생님을 생각하면, 실익은 없더라도 현장 선생님들께 아주 작은 위로는 될 수 있을 듯요."

이에 나는 현수막 문구 초안을 아래와 같이 제안했다. 다른 교육청에 이미 올라와 있는 2개의 현수막 문구를 섞어 만들었다.

'교육부장관은 학교 자치와 교육공동체의 결정을 존중해야 합니다.'

그리고 현수막을 설치하기 위한 의결 과정을 단톡방 투표의 형식으로 진행했다. 금요일, 물리적으로 모일 시간이 없었다. 단톡방에서 무기명 비밀투표를 했고, 그날 밤 찬성 의견이 과반을 간신히 넘겼다. 다만 회원 가운데 절반 남짓은 투표에 참여하지 않았다. 그 직후부터 다음 날 저녁까지 회원 절반이 단톡방에서 나가는 방식으로 모임을 탈퇴하겠다는 댓글이 계속 올라왔다. 결국 그 현수막을 펼치지 못했다. 현수막은 한동안 내 차에 실려 있었다.

남은 사람들은 좀 더 단단해졌다. 모임에 대한 방향 전환이 함께 논의됐다. 여러 논의 중 '독서 모임'과 같은 형태로 전환하자는 제안이 있었다. 1년 정도 모임을 이끄는 역할을 한 나로서는 (일련의 도모에 대한 성패 여부와 별도로) 마침 좌장 역할을 내려놓아야 할 때이기도 했다. 모임에 새로운 회장 선출의 필요성을 제안했고, 장학사들은 합의 추대로 회장을 새로 선출했다.

### 추모 집회

나는 당시 〈교육언론 창〉에 "[현직 장학사의 격정 토로] 교육부의 존재 이유는 무엇인가? – '9·4 학교 임시휴업' 관련 교육부 보도자료 철회 요청"을 기고했다. "교육부는 보도자료에서 '교육이 중단되지 않도록 조치 예정'이라고 말했지만, 이는 현장을 모르는 탁상행정식 표현이다. (중략) 서이초 선생님의 비극으로부터 분출된 수많은 교육자의 추모하는 마음과 공교육 정상화의 염원을 제대로 담아내지 못한다면 우리 교육은 더욱더 퇴행할 수밖에 없다. (중략) 교육부는 이번 보도자료를 철회해야 한다. 나아가 9월 4일 여러 학교의 자발적 움직임을 지원하고, 진심을 담은 응원과 행정적 지원을 해야 한다"라는 내용이었다. '현직 장학사의 격정 토로'라는 카테고리는 언론사에서 지었다. '현직 장학사'라는 말이, 그리고 '걱정 토로'라는 말이 조금 걱정되고 민망했지만, 언론사의 생각을 따르기로 했다.

많은 사람이 글을 접했다고 언론사에서 연락해 왔다. 글을 읽은 동료 선생님들도 SNS 등을 통해 인사를 전해 왔다. 많은 사람이 글을 읽은 이유는 무엇일까? 언론사의 의도처럼 '장학사'라는 직함을 전면에 내걸었기 때문일까, 아니면 장학사가 교육부에 반기를 들기 쉽지 않은 직종이기 때문일까? 장학사의 역할이 매우 중요하다는 생각이 새삼 들었다.

추모 집회 이틀 전, 토요일이었다. 징계 방침이 담긴 교육부의 협박성 공문에 따라 추모 집회의 성사 여부가 불투명할 수도 있는 상황에서 주말 집회에 30여만 명이 모였다. 전국의 교원 수가 50만 명 정도임을 고려하면, 전체 교원의 절반 이상이 모인 셈이다. 단일 직종으로는 최근 어떤 집회도 이렇게 모인 적이 없었다. 교육계를 넘어 사회적으로 전대미문의 일이었다.

월요일, 추모 집회일이다. 교육부의 징계 위협을 감수하고 10만 명 정도가 모였다. 인원도 인원이지만, 받은 충격이 하나 있었다. 집회를 이끄는 사회자와 연단에 올라선 선생님 모두가 검은 가면을 쓰고 있었다. 집회에서 한 번도 본 적 없는 장면이었다. 신원이 밝혀져 발생하는 피해를 막기 위함이었으리라. 다만, 정당한 요구를 평화적 방식으로 표현하는 것에 대해서도 스스로 얼굴까지 차단해야 하는 현실이 슬펐다. 하늘은 흐렸다. 집회 분위기만큼 날씨가 가라앉아 있었다. 선생님들은 교권 침해에 대해 법적 보호를 요구하는 목소리를 냈다. 언제나 그랬듯 집회는 평화적으로 끝났다.

며칠 뒤, 두 명의 교사가 또 생을 달리했다. 그때 동료들과 함께 조문을 다녀오는 차 안에서 나는 펑펑 울었다. 태어나 그렇게 큰 목소리로 운 적은 처음이었다. 교육청 장학사인 나는 그때 그 순간 무엇을 어떻게 해야 했을까?

몇 개월 뒤 교육활동 침해 행위의 신고 의무화 및 가해자와 피해 교원 분리, 분리 조치된 학생에 대한 별도의 교육 방법 마련 및 운영, 교원의 정당한 지도에 대한 존중 및 면책 조항 신설 등의 내용을 골자로 하는 교원지위법, 초중등교육법, 유아교육법, 교육기본법 등 이른바 '교권 4법'이 제정됐다.

그로부터 1년 뒤인 2024년에 인천의 한 특수선생님이, 그리고 2025년에 제주와 울산의 선생님이 목숨을 끊었다. 선생님들은 지속적인 민원 또는 극한의 업무 강도에 따른 스트레스를 주변에 호소했었다. 서이초 사건 이후에도 달라진 것은 없었다.

# 학생 인권이 좋아, 교권이 좋아?·

'엄마가 좋아, 아빠가 좋아?' 어른들은 재미있을지 몰라도 3~4살 아이에게 해서는 안 되는 질문임을 뒤늦게 깨달았다. 키울 당시에는 몰랐던 아이의 감정이 십수 년 뒤에야 이입된다. '다 소중한데 왜 둘 중 하나를 선택해야만 하지?' 그때마다 갸우뚱하던 아이의 표정을 떠올리면 지금도 미안한 마음이 앞선다. 상충해서는 안 될 두 가지, 바로 '학생 인권'과 '교권'도 마찬가지다.

야구를 좋아하는 나는 현역 시절 이승엽 선수의 인터뷰가 기억에 남는다. 국민타자로 불리면서 1루수로 수비 능력도 뛰어났던 선수다. 그는 이런 내용의 인터뷰를 한 적이 있다.

• 〈교육언론 창〉에 같은 제목으로 실은 글(2024.5.8.)을 보완했다.

'(타격에 전념하기 위해) 지명타자로만 경기에 나설 때보다 1루 수비를 병행할 때 타석에서 더 집중력이 생긴다.' 언뜻 생각하면 공격에만 집중하는 것이 더 효과적일 것 같지만, 정작 자신은 그 반대라는 뜻이다. 실제로 인터뷰한 그해(2005년)에 수비를 병행할 때의 타율이 더 높았다. 우리 교육도 이와 같다면 어떨까?

2024년 봄에 서울과 충남 등 일부 시도의 의회에서 학생 인권조례를 폐지하면서 학생 인권과 교권에 관한 논쟁이 벌어졌다. 그 이전에도, 그리고 지금도 이 논쟁은 학교 현장에서 계속되고 있다. 학생 인권과 교권이 대립적일 수 없다는 수많은 논의에도 불구하고 양자택일을 요구하기도 한다.

이 사태를 한 발짝 물러나서 바라보면, 이질 집단에 대한 이해라기보다 동질 집단끼리 내부를 결속하는 모습으로 보인다. 안타깝게도 현재 한국에서 교사와 학생(학부모)은 각각의 구성원끼리는 동질 집단이고 서로에게는 이질 집단이다. 그러지 말고, 교사는 학생 인권의 필요성에 관해 이야기하고 학생(학부모)은 교권 존중에 관해 이야기하면 얼마나 좋을까? 사실 이것은 당연한 일인데도 이상적인 표현처럼 돼 버렸다. 2023년 서이초 사건은 바로 이러한 이상과 현실의 틈이 너무도 크다는 사실을 우리에게 알려 줬다.

9월 4일, 추모 집회가 열릴 당시에는 수개월 안으로 혁명에 가까운 변화가 나타날 것 같았다. 단일 직종(교원)의 참여 인원이 그야말로 어마어마했다. 일회성 집회에 그치지 않았고, 정치권이 반응했으며, 사회적 지지도 컸다. 집회 참여자에 대한 교육부의 징계 압박이 통하지 않았고, 교원평가가 유예되기도 했다. 그로부터 많은 시간이 흐른 지금은 어떤가? 당시 "우리 교육은 서이초 사건 이전과 이후로 나뉜다"라는 말이 나돌았다. 정말 달라졌을까? 섣불리 대답이 나오지 않는다.

'왜?'를 한참 궁리한 끝에 떠올린 나의 짧은 생각은 이렇다. 집회에 참여한 우리에게 서이초 선생님의 일은 남의 일이 아니었다. '남의 일이 아니'라는 것은 바꿔 말하면, '내가 겪은(겪을) 일'이다. 이는 연대의 가장 강력한 연결고리다. 하지만 이는 교육계 밖에서 볼 때는 그저 동질 집단의 결속일지 모른다(당시 교직 사회 내부에서는 그 결속을 꾀하고 어쩌고 할 정신도 없었다. 엄청난 슬픔이 우리를 휘감았고, 그 마음을 그대로 실천으로 옮겼을 뿐이다. 하나의 점으로 참여한 선생님들은 '향후 방향', '전략 수립'과 같은 전략적 행동을 할 틈이 없었다). 선생님들의 선택과 실천이 옳음의 연속이었더라도, 밖에서 함께 돕는 것으로 나아가는 데는 한계가 있었다고 생각한다. 밖에서 볼 때는 선생님들이 처한 상황 역시 남의 일이니까 말이다.

나는 이 궁리의 끝에서, 교권 4법 제정 등 집회 뒤 일련의 성과가 차곡차곡 쌓이는 과정과 더불어, 그만큼의 크기로 아파하고 있을 이질 집단인 '학생'들에게도 연대했다면 어땠을까 하는 생각을 했다. 3·15부정선거에 맞선 시민들의 항거가 4·19혁명을 일으킨 것으로 주로 기억하지만, 시작은 2월 28일 대구 지역 고등학생들의 시위였다. 역사적으로 보면 학생들은 이질 집단인 사회(?)를 도운 것이나 다름없었다. 1989년, 전교조 창립 국면에서도 마찬가지였다. 그해 7월 20일에 광주 시내 20여 개 고교생 1만5,000여 명이 전남대와 광주대동고 등에서 대규모 집회를 열고 경찰과 충돌했던 일을 2024년 기준으로 되새겨 보면 실로 아찔할 뿐이다. 선생님을 해직해서는 안 된다며 운동장에서 많은 학생이 그야말로 대성통곡하는 장면을 지금도 유튜브에서 어렵지 않게 찾을 수 있다. 그들로서는 가만있어야 아무런 피해가 없었을 텐데 결연히 나섰다. 우리의 제자들이기도 하지만, 사람을 잇는 역사의 관점에서 보면 학생들은 그렇게 우리 집단을 도운 이질 집단이기도 했다.

동질 집단 내부의 목소리를 내는 것은 중요하다. 아니 그것으로부터 출발하지 않으면 안 된다. 단단한 도모의 필요충분

조건이다. 다만 그것에 그치는 것이 아니라, 이질 집단에 대해서도 같은 크기로 나설 때 비로소 사회적 반향이 일어날 수 있다. 그래야 그것이 다시 동질 집단의 목소리를 강화하는 결과로 되돌아온다. 엄마가 좋아야 아빠도 좋고, 1루 수비를 해야 타석에서도 더욱 집중할 수 있는 것과 마찬가지다.

### 죽음의 트라이앵글

"학생의 인권이란 대한민국 헌법과 법률에서 보장하거나 대한민국이 체결·공포한 조약과 국제관습법에서 인정하는 인간으로서의 존엄과 가치 및 자유와 권리 중 학생이 누릴 수 있는 모든 권리를 말한다(전라북도 학생인권조례 2조 5항)." 그렇다면 지금 학생들은 "인간으로서의 존엄과 가치"에 기반해 학교 안에서 그리고 학교 밖에서 그것에 걸맞은 배움과 생활을 이어가고 있을까? 서이초 사건, 아니 그 이전부터 그리고 그 이후에도 계속되고 있는 교권 침해의 비극을 더 이상 없게 하려면 어떻게 해야 할까?

학생 인권과 교권의 대립 구도로부터 조금만 각도를 달리해 바라보면, 야만적 입시 경쟁 교육의 고통이 심하다 못해 사회적 무감각이 돼 버린 이 세태가 끝나지 않으면 비극은 되풀이될 뿐이다. 경쟁적 교육 환경이 초래한 학생 생활의 인권 침해적 요소는 3년째, 6년째, 12년째, 16년째, 세대를 옮겨가며 반복·확대·강화되고 있다. 시간이 갈수록 더욱 나빠지는데도, 정작 이 사태에 대해서는 눈감고 상대적으로 지엽적인 문제에 대해서만 변죽을 울린다.

대표적인 예가 고교학점제나 국제바칼로레아(IB) 같은 정책이다. 고교학점제는 학생들이 자신의 진로에 따라 다양한 과목을 선택·이수하고 누적 학점이 기준에 도달하면 졸업을 인정받는 제도로, 교육과정 운영 면에서는 분명 긍정적인 취지에서 출발했다. 그러나 제도 정착을 위해 반드시 병행돼야 할 절대평가 도입이 실패로 돌아가고, 윤석열 정부 들어 자사고·특목고 폐지 방침이 번복되면서 교육 현장은 큰 혼란을 겪고 있다. IB 역시 마찬가지다. IB는 스위스에 본부를 둔 국제 교육재단이 주관하는 프로그램으로, 주입식·객관식 시험 위주의 교육이 아닌 연구, 조사, 토론 중심의 고차원적 사고력을 기를 수 있는 교육과정을 제공한다.

하지만 '귤을 탱자로 만드는' 한국의 입시 현실을 그대로 둔 채 시행되는 그 어떤 시도도 결국 "죽음의 트라이앵글"과 같은 참담한 결과로 이어질 수밖에 없다. "죽음의 트라이앵글"이란 표현은 2004년 대입 제도 개선안이 발표되면서 등장했다. 학교 수업을 중시하겠다는 취지 아래 내신 절대평가 폐지 및 수능 등급제를 도입했지만, 그 결과 학생들은 내신, 수능, 논술을 모두 준비해야 하는 상황에 내몰렸고 학습 부담은 감당할 수 없을 정도로 늘어났다. 그 뒤 학습량을 줄이겠다며 과목 수를 축소하거나, 입학사정관제를 도입하고, 수능 영어·한국사 과목을 절대평가로 전환하는 등 반대 방향의 대책들을 시행했다. 하지만 입시 현실은 달라지지 않았다. 오히려 사교육비는 사상 최고치를 기록하며 상황은 더욱 나빠졌다.

이처럼 본질은 그대로 두고 겉만 바꾸려는 시도는 결국 제자리걸음에 그친다. 근본적인 교육 지형을 바꾸는 힘이 되지 못하고 학생들의 입시 고통만 키우는 것이다. 이는 마치 활활 타오르는 아궁이의 장작불은 놔둔 채, 끓어오르는 가마솥 물을 식히겠다며 냉수를 붓는 것과 같다. 결국 뜨거운 물의 양만 늘어날 뿐이다.

단 한 명의 학생도 죽으면 안 되지만, 단 한 명의 학생이 죽어도 온 세상이 마치 '나의 일처럼' 애도하던 시절이 있었다. 그때는 교육계 내부만 그런 것이 아니었다. 실로 나라 전체가 슬픔에 잠겼다. 그 역시 일회적이지 않았으며, 어떻게든 교육을 바꿔 보자는 몸부림이 있었다. 선생님들도 수업 속에서, 학교 안에서 어떻게든 혁신교육을 일구어 내려고 몸부림하던 시절이기도 했다.

지금은 어떤가? 선생님들은 고소와 고발에 시달리면서 죽어가고 있고, 학생들의 자살은 뉴스에 단신으로조차 보도되지 않은 채 소리 없이 사라지고 있다(관련 통계 수치를 인용하는 것도 이제는 두렵다). 2014년 세월호 참사 뒤 잊지 말자는, 그리고 기억하겠다는 다짐은 매년 열리는 추모 행사에서만 나타나는 형식적인 과거일 수 없다. 지금도 세월호와 같은 안타까운 죽음이 계속되고 있다. 동질 집단의 아픔에 대한 표현과 동시에, 이질 집단의 아픔을 같은 크기로 목소리 내면 어떨까? 이렇게 말한다고 해서, 동질 집단의 아픔을 모른 체한다고 오해하지는 않으리라 생각한다. 선생님도 아프고 학생도 아프다. 무슨 일이든 좋으니 나서서 할 수 있는 일이 있었으면 좋겠다.

# 3부
# 교육지원청으로 발령받다

# 성과상여금 제도˙

 2024년 초에 교육지원청으로 발령받았다. 본청과 직속 기관 근무 때와는 또 다른 현장감을 느낀다. 지역의 맞춤형 학교 지원 기관 담당자로서 가져야 할 소명을 다짐해 본다. 청사 옆에는 복개천 공사가 한창이지만, 그 옆 가로수 사이로 올망졸망 걸어가는 등교생들의 재잘거림이 정겹다.

 교육청은 본청, 교육지원청, 직속 기관으로 이뤄져 있다. 본청은 시도 교육청의 최상위 기관으로서 주요 정책을 기획하고, 이를 선도적으로 추진한다. 각 지역의 교육지원청은 본청에서 설계한 여러 교육정책 및 사업이 단위 학교에 안착하도록 실무를 한다. 마지막으로 문화예술, 외국어교육, 체험

• 〈교육언론 창〉에 "바보야, 문제는 비교야"라는 제목으로 실은 글(2024.3.13.)을 보완했다.

활동, 정보화 교육, 각종 연수, 교직원 복지 등 특화 사업을 지원하는 직속 기관이 있다. 나는 본청 정책기획과와 직속 기관인 학교지원단을 거쳐, 인천의 5개 권역 중 한 곳인 지역의 교육지원청에 근무하게 됐다.

이곳에서 주로 맡은 업무는 각 학교에서 제출한 인사 업무 관련 공문을 취합하고, 비교를 통해 교사 간 순위를 매긴 뒤 인센티브를 제공하는 것이다. 이를테면 교원평가와 차등성과급, 우수 교사 포상, 승진·전보 가산점 업무 등이다. 그중 발령받은 3월에 처음 맞닥뜨린 업무는 관내 선생님들의 차등성과급 분배였다.

성과상여금(차등성과급) 제도는 학교별로 수업 시수, 담임·보직 여부, 학년 곤란도, 업무 곤란도, 생활지도 곤란도, 연수 이수, 업무 중요도, 추진 실적 등의 평가 요소를 가지고 평가 기준을 만든다. 그 뒤 학내 다면평가위원회에서 교사들을 S, A, B 등급으로 나눠 교육청에 보고하면, 교육청이 이에 따라 성과금을 차등 지급하는 과정을 거친다.

이 제도는 "공직 사회에 경쟁 원리를 도입하여 열심히 일하는 분위기를 조성하고 행정의 생산성과 서비스의 질을 높이기 위하여"(행정안전부 국가기록원) 1998년에 도입됐다. 하지만 실제로는 1995년 5월에 '5·31 교육개혁'이라 불리는

〈세계화·정보화 시대를 주도하는 신교육 체제 수립을 위한 교육개혁 방안 제2차 대통령 보고서〉에서 처음으로 언급됐다. "능력 중심 승진 및 보수 체계로의 개선"을 내걸고 "일의 양과 어려움에 따른 차등 보수"를 제안했다.

2001년에는 교육부에서 하위 30% 교사들에게는 성과상여금을 지급하지 않겠다고 통보하면서 교육계에 상당한 진통이 뒤따랐다. 시간이 지날수록 등급 간 지급 차등액은 도입 초기에 비해 격차가 커졌다. 현재는 1등급(S) 약 500만 원, 3등급(B) 약 360만 원으로 150만 원가량 차이 난다. 잘 알려져 있듯이, 성과상여금은 일반적인 회사의 성과상여금과 성격이 조금 다르다. 교육공무원 총보수액 예산 가운데 일부를 떼서 지급하는 고정 급여의 성격을 갖는다.

교육청은 어떨까? 학교처럼 교육청도 성과급을 차등으로 지급한다. 한 장학사는 내게 이렇게 말했다.

"지난해 내가 그렇게 헌신적으로 일했는데, 올해 나를 A등급(2등급)을 주다니."

그렇게 따지면 나도 마찬가지다. 하지만 나만 이런 생각을 할까? 대부분의 직원이 참 열심히 일하는 곳이 교육청이다. 대놓고 일을 게을리하는 사람은 거의 없다. 그런데도 상대평가로 1, 2, 3등급이 매겨진다. 1등급은 미안해하고, 2~3등급은 기분 나빠한다. 자신의 등급이 최상위 등급이 아닐 때 갖는 서운한(?) 마음은 교육청 근무자라 해서 다르지 않다.

학생들은 더 말할 것도 없다. 자라나는 학생들이 가진 잠재적 재능과 다양한 천성을 단지 하나의 잣대에 불과한 '학습성적'으로 소고기 등급 매기듯 9등급으로 구분 짓는다.

## 모르쇠로 일관하는 교육부

어느 조직이든 성과평가 제도가 있을 것이고, 이를 정량화해 실적에 따라 급여, 연수 등으로 처우를 달리할 것이다. 이것의 맹점에 대해서 따로 다룰 필요가 있지만, 교육기관의 경쟁 시스템은 더욱 신중하게 살펴야 한다. 당장 교원평가와 차등성과급 제도는 교원의 전문성 신장에 도움이 되기는커녕, 교권 붕괴 등 시행 초기부터 현재까지 나타난 부작용이 셀 수 없이 많다.

학교에서 함께 근무하던 동료 선생님이 실제 경험한 이야기를 들려준 적이 있다. 차등성과급 평가 기준을 마련하기 위한 교직원 회의에서 벌어진 일이다. 3학년부장이 먼저 나섰다.

"고입 대비를 위해 고생이 많으시니 우리 3학년 담임에 가산점을 줘야 합니다."

틀린 말이 아니다. 같은 학년 선생님들을 챙기는 학년부장의 마음도 느껴진다. 문제는 그다음이다. 1학년부장이 말했다.

"저희 신입생들 아시잖아요. 중학교 적응 못 하는 아이들 간신히 적응시키느라 고생 많았어요. 저희 1학년에 가산점을…."

역시 틀린 말이 아닌데 분위기가 묘해진다. 2학년부장이 안 나설 수 없다.

"중2병 못 들어보셨나요? 저희는 세상에서 제일 무섭다는 중2 담임입니다. 가산점을 2학년에 부여해야 합니다."

다 맞는 말인데 결국 다 틀린 말로 바뀐다. 경쟁이 불러온 일상의 어두움이다. 어제오늘 일만은 아니지만, 학교가 원래부터 이러지는 않았다. 선생님들은 다면평가위원 자리도 고사한다. 평가 기준을 아무리 잘 만든다 해도 많은 선생님의 노고를 차등해 반영하는 것은 불가능에 가깝기 때문이다. 이러한 부작용을 겪은 많은 선생님이 그동안 수없이 교육부에 문제를 제기했고, 교원단체에서 절실하게 목소리를 냈다. 그래도 교육부는 일관되게 모르쇠다.

교과 학습 성적이 학교 교육의 전부가 아니다. 가르침의 결과를 서열화하는 방식의 비교육성도 문제지만, 역량에 따른 성과가 다를 수 있더라도 이것을 비교의 방식('돈의 차등화'라는 자본주의적 방식)으로 평가하면서 학교 현장에서 많은 갈등이 생겼다. 역량의 차이에 대해 어느덧 '서로 도움'보다는 '비교 우위'를 선택한다. 10명 가운데 3명의 교사만 1등급(S)이다. 본질적으로 7명의 교사가 열패감을 가질 수밖에 없는 구조다. 적자생존의 가치가 소리 없이, 차곡차곡, 견고하게 모든 사람에게 내면화되며, 어느 순간 교사들은 이를 당연하게 여긴다. '비교'를 위한 업무, 즉 다면평가위원회의 구성 및 운영, 수많은 평가 기준 마련 및 산출식 계산, 여러 차례의 회의, 정성·정량평가 시행 등 성과상여금을 차등 지급하기 위해 벌이는 1년 동안의 학교 교육 역량의 소모와 선생님들의 업무적·정신적 소진이 매우 크다.

교원평가는 성과상여금 제도와 연동되어 있다. 도입 이후 현장 교사들의 반발이 끊이지 않았다. 급기야 2023년 7월 서이초 사건 뒤 제도가 폐지되고 '교원역량개발지원 제도'라는 이름으로 2026년 전면 시행을 앞두고 있다. 이 또한 교직 사회에 어떤 영향을 끼칠지 예단하기 어렵다. 분명한 것은 '묵은 길 위에 새길을 내는 것이 불가능하지만은 않다'라는 사실을 서이초 사건이 우리에게 일깨웠다는 점이다. 더 이상 과거와 같은 희생 없이도 우리 사회와 교육계가 할 수 있는 일은 없을까?

학생들에게 입시 중심 교육은 넘을 수 없는 견고한 장벽이다. 선생님들을 짓누르는 경쟁적 교원평가와 차등성과급의 모순만큼이나, 학생들은 너무도 가혹하게 이어져 온 성적 서열화 체제에 갇혀 있다. 최근의 고3 교실을 직간접적으로 접해 본 사람이라면 더욱 절감할 것이다. 성적 서열화를 당연하게 여기는 학교와 사회에서 학생들은 끊임없이 비교당하는 일상을 살아가고 있다. 학생들은 이렇게 절규할지도 모른다.

'선생님! 차등성과급, 교원평가가 괴롭다면 꼭 제도를 바꾸세요. 그리고 그 힘으로 저희들도 이 경쟁의 뻘밭에서 좀 꺼내 주세요!'

# 전국소년체전

 지역 내 여러 교육지원청에서 참여하는 행사 중 가장 규모가 큰 것은 매년 5월에 열리는 전국소년체전이다. 이때가 되면 전국 17개 시도 교육청 산하의 교육지원청 소속 장학사들의 대부분이 전국소년체전이 열리는 지역으로 모인다. 몇 해 동안 땀 흘려 운동한 지역 내 학생선수들을 격려하기 위해서다. 우리도 박수짝짝이, 승리 기원 머리띠, 현수막 등 갖가지 응원 도구를 챙겨 핸드볼 경기장, 배구장, 검도장, 농구장 등으로 향했다.

 첫날에 KTX를 타고 도착한 역은 이곳이 서울 한복판인가 착각할 만큼 많은 사람들로 북적였다. 체육계 사정에 밝은 한 동료 장학사는 이렇게 지방에서 열리는 큰 행사가 지역 발전을 견인하는 측면이 있다고 했다. 아니나 다를까. 다음 날 아침에 식당에 갔을 때, 점심에 커피숍에 갔을 때, 또 집에 돌아올 때까지 소년체전이 열리는 곳곳에 사람들이 꽉 들어차 있었다. 평상시에는 이렇게까지 사람들이 많이 모이는 곳은 아니라고 했다. 장학사 경력은 동료 중에 내가 가장 많았지만, (본청이나 직속 기관과 달리) 소년체전 관련 업무가 있는 교육지원청 근무는 처음이어서 모든 것이 새로웠다.

둘째 날, 중학교 여자배구가 열리는 경기장에 갔다. 내 딸과 비슷한 또래의 선수들이 딱딱한 바닥에서 뒹굴고 넘어지며 배구공을 받아내고 있었다. 경기를 보면서 중립병이 도졌다. 어느 한쪽을 응원하기가 쉽지 않았다. 우리 팀에서 1점을 얻을 때 마냥 기뻐하기보다 상대편을 먼저 바라봤다. 우리 팀이 1점을 잃을 때도 마찬가지였다. 애가 탔다. 하지만 우리 학생들이 이기든 지든 해맑은 표정이라서 다행이었다. 안쓰러움도 잠시, 어느새 경기에 몰두했다. 한쪽을 확실히 응원하기로 마음먹었다. 목이 터지라 외쳤다. 우리 팀은 8강전에서 압승, 4강전에서 완패했다. 동메달. 선수들은 패배의 아쉬움보다 최선을 다한 자신을 대견해하는 것 같았다. 작년에는 예선 탈락했다고 한다.

함께 경기를 보고 있는 (체육계 소식을 잘 아는 그 동료) 장학사에게 물었다.

"학생들이 이 경기에서 입상한다는 건 어떤 의미인가요?"

"진로 진학과 당연히 관계가 있지요."

학업으로 이른바 명문 대학에 입학할 때 스펙이 필요한 것처럼, 학생선수는 입상 실적이 상급 학교 진학이나 실업팀 또는 프로팀 진출에 영향을 끼친다. 문제는 이 학생들이 운동에 들이는 노력에 비해 전문 운동선수로 성공하는 확률이 높지 않아서, 어느 시점에서 운동을 그만두는 사례가 많다는 것이다. 따라서 진로·진학 교육 차원에서 학습과 운동을 병행해야 하는데도, 학생선수로 활동하는 시기에 학업이 일정 수준에 도달하지 못하는 사례가 많다고 한다.

그래서 예전과 달리 경기를 평일이 아닌 주말에 하거나, 학습 시간을 보장하기 위해 (정규 수업 시간이 아닌) 방과후에만 훈련할 수 있도록 제한하기도 한다. 최근에는 (학교 급별로 과목 수의 차이가 있지만) 국어, 영어, 수학, 사회, 과학 등 3~5개 과목에서 한 개 과목이라도 최저 학력에 도달하지 못하면, 대회에 참가할 수 없도록 규정을 만들었다. 초중고 학생선수가 최저 학력에 도달하지 못하면, 대회 참가 여부와 상관없이 의무적으로 과목별 기초학력보장프로그램(e-school 등 보충 학습)을 이수해야 한다. 꽤 의미 있는 정책이지만, 학생들에게는 이중의 부담으로 작용하기도 한다.

그동안 청소년 체육계는 (일반 학생들의 생활체육을 강조하기보다) 학생선수 중심의 엘리트 체육을 강조해 왔다. 전인적 성장의 관점에서 보면, 학생선수들에게 '운동만 잘하면 성공할 수 있다'라는 신화의 주입은 바람직하지 않다. 낮은 확률이지만, 어떤 분야에 특출난 재능을 보이는 사람이 있다. 바둑의 이세돌 기사, 피겨스케이팅의 김연아 선수, 탁구의 신유빈 선수처럼 뛰어난 재능을 가진 사람들은 어렸을 때부터 운동, 그중에서도 해당 종목의 훈련에만 전념해야 했다. 그렇다 해도 평범한 사람으로서 갖춰야 할, 즉 민주시민으로서의 자질이라든지, 기본적인 어학 능력, 문학적 감수성, 생활 속에서 갖춰야 할 지식이나 역사적 안목, 문화예술 역량, 기본적인 수학과 과학 이론 등 우리 교육과정의 여러 교과목에서 제시한 성취 기준을 어느 정도 달성하는 것은 살아가는 데 꼭 필요하다. 따라서 어린 나이에 이러한 역량을 갖출 필요가 있다. 선행 학습으로 너무 앞서거나 지나친 양의 학습을 학생들에게 욱여넣는 것도 문제지만, 중학생인데 필수 문해력이 낮거나 기본적인 영어 문장을 해석하지 못하는 것도 문제다.

이것은 교육의 빈익빈 부익부 현상이다. 지나친 학습량에 대해 이의를 제기해야 하는 것은 말할 필요도 없다. 하지만 그것이 기본 학습 역량이 부족한 학생에 대한 무관심으로 이어져서는 안 된다. 책임교육 관점에서 접근이 필요한 이유다. 그런데 학생 중심의 맞춤형 교육으로 전환하기보다, 정반대 방향으로 흩어져 있는 이 두 가지 상황을 뭉뚱그린 뒤 불안을 조장하는 것이 우리 교육의 안타까운 현실이다. 한편, 자기가 좋아하는 일만 하게 놔두는 것도 좋은 교육이라고 하기 어렵다. 라면을 좋아해서 세끼를 모두 라면만 먹겠다고 고집하는 아이에게 "네가 좋아하는 음식이니 마음껏 먹으렴"이라고 말하는 것이 올바른 식생활 교육은 아닌 것처럼 말이다.

## 편견을 버려

전국소년체전 첫날 밤이었다. 고생한 격려단을 위해 만찬을 준비했다. 다음 날 우리 팀의 선전을 기원하며 건배사를 하고 덕담을 나눴다.

"우리 학생선수들의 금메달을 위해!"

"술은 소주 말고 맥주로 드릴게요. 맥주는 금메달 색깔이잖아요!"

1등 또는 우수한 성적에 대한 갈망을 담은 덕담들이 오갔다. 최선을 다하고 실력을 발휘한 만큼 등수가 결정되는 것이 스포츠다. 그것은 그것대로 아름답다. 내가 건배사를 할 차례가 됐다. 금메달만이 능사가 아님은 사람들도 공감한다. '졌

잘싸(졌지만 잘 싸웠다)'나 '중꺾마(중요한 건 꺾이지 않는 마음)'에 왜 사람들이 열광하겠는가? 최선을 다했다면 패배자가 승리자와 다르게 대접받을 이유가 없다. 무엇보다 최선을 다한 중위권 또는 꼴찌를 바라볼 때 이 같은 생각을 해 봤다면, 살아가는 동안 나도 그와 같은 처지에 빠질 수 있음을 깨닫는다면, 마음속 잣대는 언제든 달라질 수 있다.

"경기장에 들어서자마자 눈물이 났어요. 처음 느낀 경험이었어요. 경기에 몰입하는 학생선수들이 자랑스럽습니다. 응원의 마음을 담아 건배사 이어갈게요. 모두가 '네'라고 할 때 혼자 아니라고 하는 인생을 살아온 저로서는 모두가 금메달을 이야기할 때 은메달, 동메달, 아니 최선을 다했다면 예선 탈락도 똑같이 아름답다는 말씀을 드리고 싶습니다. 우리 학생선수들의 안전과 건강, 그리고 행복한 한판 대결을 위해!"

이러한 건배사가 떠오른 이유는 건배사 직전에 앞자리 주무관과 짧은 대화를 나눴기 때문이다. 물이 담긴 주무관의 술잔을 보며 내가 무심코 "은메달이시네요?"라고 말하자, 주무관은 멋쩍게 웃으며 말했다.

"은메달도 소중해요."

이크. '금메달이 최고'라는 뜻으로 말한 것이 아니었는데, '은메달 빨리 마시고 제가 따라 드리는 금메달 받으세요'라는 뜻이 아니었는데…. 술을 마실 수 없어 민망해하는 그를 보며 나의 말실수를 자책했다. 내 의도와 달리 세상은 이미 금메달과 은메달과 동메달, 그리고 예선 탈락에 대해 서로 다른 가치와 잣대가 기본값으로 세팅돼 있었다. 이럴 때마다 딸이 가끔 내게 하는 말이 생각난다.

"아빠, 편견을 버려."

# 지역 교육청 차원에서
# 할 수 있는 일이 아니야

 몇 달이 지나니 새로운 근무지인 교육지원청 생활도 어느 정도 적응이 됐다. 사람들은 잘 믿지 않는다, 내가 낯가림이 심하다는 사실을. 처음에는 동료들과 점심을 함께 먹는 것조차 어색하고 힘들었다. 밥 먹는 내 모습이 이상하지 않을까, 일하다 옆자리 동료와 나눈 대화에서 말실수하지 않았을까, 전화 받는 내 목소리를 사람들은 어떻게 생각할까, 옷매무새는 문제가 없을까, 나는 과연 정상인가 등 신경 쓰이는 것이 한둘이 아니었다. 그러나 시간이 지나니 그런 걱정이 줄어들었다. 점심을 함께 먹는 시간도 편안했다. 어느 정도 적응한 것이 분명했다. 사무실 동료들이 가장 먼저 떠오른다. 그들 덕분이었다. 이유가 하나 더 있다. '매우 바쁨'에서 비롯한 강제적(?) 적응도 한몫했다.

너무 바빠서 내 언행을 거울 보듯 되새길 시간이 없었다. 지난 하루를 돌아보려 해도, 어떤 때는 퇴근 시간이 새벽이어서 낮 동안의 일들이 생각나지 않았다. 내숭(?)을 떨 수도 없었다. 뭔가 과묵하고 진중해 보이고 싶었으나 그럴 수 없었다. 익숙한 업무가 아니었기에, 제한 시간 안에 일을 처리하기 위해서는 주변 동료에게 바로바로 물어보고 해결하지 않으면 안 됐다. 민망함에 대해 생각할 틈이 없어서 내 본성, 즉 방정맞은 말 추임새와 불안한 눈빛과 가벼운 목소리 톤이 여지없이 발산되고 만다. 그 와중에도 동료 장학사들이 모인 단톡방에 장학사직장협의회 가입 안내 글을 올리기는 했다. 매번 달리던 엄지척 또는 하트 이모티콘이 그 글에는 하나도 안 달려서 좀 불안하긴 했지만.

장학사직장협의회를 만든 뒤, 매달 한 차례 정도 대면 또는 비대면으로 모여 학교 지원 방안 등에 대해 장학사 동료들과 토론했다. 한창 모임이 활발했을 때 주로 다룬 주제는 '교육청 행정 혁신' 방안이었다. 각자 맡은 업무 영역에서 일하는 방식을 개선할 방법, 불필요한 업무를 줄이거나 없애고 꼭 필요한 업무를 효율적으로 추진할 방안을 찾으려 했다. 이전에 비해 모임의 방향이나 목적이 살짝 바뀌었지만, 우리가 선 자리에서 학교를 지원하기 위해 할 수 있는 최선을 다해 나름

대로 애쓴 시기였다.

사실, 업무 추진 과정에서 교육청 업무를 혁신할 방법은 많다. 실제로 전국의 많은 장학사들이 각자 선 자리에서 나름의 노력을 기울이고 있다. 다만 이러한 노력의 크기만큼 학교 현장이 체감하지 못하는 상황이다. 노력이 부족해서일까, 아니면 현장의 기대치가 높아서일까? 한 가지 확실한 것은 업무를 효율화하고 줄이려는 노력을 지속해도 허전함은 계속 남는다는 사실이다. 나는 그 이유가 수많은 교육정책이 '변죽만 울리고 있기 때문'이라고 진단한다. 물론 좋은 사업, 좋은 정책이 많이 펼쳐지지만, 본질은 간데없고 성과만 나부끼고 있는 것은 아닌지 돌아보고 싶다.

입시 경쟁 교육 해소를 위해 장학사들이 함께 힘을 모으면 좋겠다고 생각하고 전국장학사협의회를 제안했던 3년 전 여름을 다시 떠올려 본다. 기왕의 조직이 있을 리 만무하고, 나는 다른 교육청에 아는 사람이 없었다. 그래서 나름의 인맥이 있는 한 선생님에게 이러저러한 모임을 만들려고 하니 그 지역의 교육청에 뜻을 같이할 수 있는 장학사를 안다면 소개해 달라고 부탁했다. 그가 무슨 모임이냐고 묻길래 입시 경쟁 교육을 해소하기 위해 노력하는 장학사 모임이라고 대답했다. 그는 알겠다면서 주변 사람들에게 우선 문자를 보내겠다고 했다. 다음 날 사람들에게 보낼 문자 초안을 내게 보여 줬다.

"평생을 입시 경쟁 교육 해소를 위해 힘써 왔던 한 장학사가…경쟁 교육을…해결해 보겠다고…전국 장학사 협의체를…. 문구를 이렇게 쓰면 될까요?"

평생을? 농담이라 해도 당치 않았다. 목소리를 내기는 했어도, 실제로 도움이 될 만한 활동을 했나 반문해 봤다. 어림없다. 사실상 아무것도 이룬 것이 없다. 물론 나 혼자 힘으로 되는 일은 아니다. 여러 단체와 조직, 기관에서도 그동안 꽤나 노력했지만 경쟁 교육의 현실은 쉽게 바뀌지 않았다.

죽었다 깨어나는 이야기라고 해야 하나? 환생 모티프의 드라마가 인기를 끈 적이 있다. 그중 인상 깊게 본 드라마가 〈어게인 마이 라이프〉다. 김희우(이준기 분)가 검찰 개혁을 실패하고 죽었다가 다시 태어난 2회차 인생에서 검찰 개혁에 성공하는 이야기다. 물론 현실은 여전히 만만하지 않다는 암시를 결말에서 여운으로 남겼지만 말이다. 내 장학사 생활도 훗날 입시 경쟁 교육 해소 운동이라는 2회차 인생의 전환점이 될 수 있을까? 한때 교육 운동을 함께했던, 지금도 하고 있는 한 동료 선생님에게 장학사 생활의 회의감에 대해 토로했더니 다음과 같은 말이 돌아왔다.

"그래도 장학사님 덕분에 민주적 학교 문화, 교원의 잡무 경감 등 학교는 조금씩 바뀌었어요. 그러니까 장학사를 그만 두기보다, 교육청이나 학교 관리자로서 할 수 있는 역할도 중요하다는 것을 생각해 봐요."

살짝 혼란스러웠던 것은 그는 내가 몇 년 전 교육청 장학사를 하려 했을 때도 반대했었다는 사실이다.

"선생님은 입시 경쟁 교육 해소 운동에 큰 뜻을 품은 것 아니었어요? 그렇다면 (관련 역할을 하는 것이 애초부터 불가능한) 선생님이 교육청에 들어가려는 걸 나는 이해할 수 없어요."

그의 말은 달라졌지만, 그때나 지금이나 그가 내게 애정을 담아 말했음은 물론이다.

입시 경쟁 교육은 달리 표현하면 학문을 출세의 수단으로 삼는 것이다. 학문은 진리 탐구 그 자체여야 하지 않은가. 학문에 대한 순수한 관점일 수 없다. 다만 이것은 길게 보면 수천 년을 이어온 인류의 역사 그 자체나 다름없다. 이것을 몇 년 안에 개선하지 못했다고 자책하는 것은 지나친 생각이다. 또 내가 교육청에 있는 동안 눈에 띄는 변화가 있어야만 그것을 성공이라 부를 수 있을까? 그 또한 턱없는 생각이다.

## 교육청이 해야 할 일

2024년 말에 장학사 임기(?)를 6개월 남겨 놓고 평교사로의 전직을 신청했다. 앞서 말했듯이, 일반적으로 약 5년 안팎의 장학사 근무 기간을 만기로 마치면 특별한 사유가 없는 한 사실상 자동으로 교감이 된다. 물론 지역마다 조금씩 차이가 있다. 그 뒤 교장이 되는 과정도 마찬가지다.

"이제 6개월만 더 있으면 교감으로 승진하는데 굳이?"

"그만둔다고? 그럼, 애초에 장학사를 하지 말았어야지."

"교육청 장학사의 권한으로 할 수 있는 일이 더 많지 않을까?"

"입시 경쟁을 해소하겠다는 것 자체가 애초에 불가능한 일 아닐까?"

"평교사로 돌아갔을 때 네가 학교에서 할 수 있는 일은 별로 없어."

"교장, 교감이 돼서 수많은 학생이 다니는 학교를 혁신하는 것도 중요해!"

"교감, 교장이 되고 나면, 이후 교육청에서 더 큰 역할을 할 수도 있잖아."

입시 경쟁 교육 해소 관련 업무를 수행하는 팀이나 부서, 아니 업무 한 꼭지라도 담당할 수 있는 역할이 교육청에 마련된다면 나도 장학사를 그만두지 않았을 것이다. 관련 부서 등 일할 수 있는 조직이 필요하다고 말할 때마다 주변의 대답은 한결같았다.

"그건 지역 교육청 차원에서 할 수 있는 일이 아니야."

안다. 마치 부동산 문제처럼 관련 정책을 섣불리 추진하다가 상황이 더 나빠질 수 있다는 것을. 진보를 자처하는 교육운동 단체에서 한 번도 얘기 안 한 적이 없지만, 역시 단 한 번도 사교육이 줄어들거나 입시 경쟁이 완화된 적이 없음을 봐도 잘 알 수 있다. 교육개혁을 내걸고 시행한 정책이 오히려 경쟁 교육과 사교육을 더 심화하기도 했다. 교육 문제에 관한 한 진보적 정부든 보수적 정부든 가릴 것 없이 진즉부터 손을 놓거나 헛다리를 짚어 왔으니 말할 것도 없다. 최근에는 진보를 자처하는 국회의원들마저 지역 발전을 위한다며 특목고, 영재학교 유치 등 경쟁 교육을 대놓고 조장하는 모습을 보면 더욱 아득하다. 선거 때 득표에 도움되는 방향을 도모하는 것이 정치인의 속성이라지만, 이순신의 사즉생과 같은 마음으로 교육 문제에 접근하는 정치인은 거의 찾아볼 수 없다.

교육감은 어떨까? 교육감은 지역 교육과 학예에 관해 예산 집행권과 인사권 등 상당한 권한을 가지고 있다. 이것 자체가 정치의 요소이므로, 교육감이 곧 정치적인 것은 문제가 안 된다. 그 권한을 어떻게 사용하느냐가 관건이다. 하지만 권력의 내재적 관성에 따라 권력의 유지에만 초점을 맞추는 것과, 그들이 교육 운동 또는 교육행정을 시작했을 때의 초심(비록 차기 선거 득표에 도움이 되지 않더라도)으로 권한을 행사하는 것은 아주 다르다. 이른바 진보교육감들은 얼마나 후자를 도모하고 있는가?

교육감직인수위원회 실무위원으로도 활동했던 나는 당시 '고교 교육 정상화 TF'를 운영하며 만든 백서를 다시 꺼내 봤다. 많은 사람들이 연구한 결과고 대중적으로 많이 알려진 내용이지만, 교육청 차원에서 정리했다는 의미가 있다.

■ 주요 과제: 입시 경쟁 교육 해소
- 전국 민주진보교육감 공동 공약 이행위원회 신설 제안
- 학벌 사회 타파를 위한 사회적 제도 구축 및 법령 제정 제안
- 대입 제도 개혁을 위한 교육 관련 법령 제정 제안
- 정부·국회·시의회·시민사회단체·(대)학교 등과의 협력 과제 추진

■ 세부 추진 계획
- 학벌 사회 타파를 위한 사회적 제도 구축 및 법령 제정 제안
  - 대학 평준화 정착을 위한 관련 법령
  - 실질적 최저임금법 시행 관련 법령

- 국공립대 통합 네트워크 구축을 통한 공동학위제
- 학력에 따른 차별을 금지하는 학력차별금지법
- '블라인드 채용' 시스템의 공기업 및 민간기업 확대
- 학생 건강권 확보를 위한 학원 교습 시간 축소 관련 조례
• 대입 제도 개혁을 위한 교육 관련 법령 제정 제안
 - 학생 역량 중심 평가 반영
 - 수능 자격고사화 도입
 - 절대평가제 도입
• 정부·국회·시의회·시민사회단체·(대)학교 등과의 협력 과제 추진
 - 특성화고 발전을 위한 지원 확대 및 노동인권 교육 강화
 - 지역별 마을교육공동체 운영의 내실화를 위한 소통 및 연대
 - 특목고의 일반고 전환을 위한 관련 정책의 연차적 안착화
 - 학교 간, 학생 간 경쟁 교육의 관행 개선을 통한 학교 현장의 실천

■ 추진 일정
• 입시 경쟁 교육 해소 방안 실천을 위한 로드맵
 - 법령 제정: 시도교육감협의회 간 공동 협의체 마련 제안

- 각종 입법 발의: 국회·시의회·대학과의 협력 체계 구축 등 추진 동력 확보
- 정부 부처와의 협력 체계: 혁신교육 제도 및 상생의 교직원 정책 공동 논의

• 고교교육 정상화 사업 이행 추진단(TF) 구성 및 운영
- 운영 기간: 2018. 9. ~ 2019. 12.
- 구성: 관련 사업 부서(장학관, 장학사) 및 현장 교사, 전문가로 구성
- 운영 내용: 고교 교육 정상화 사업 및 입시 경쟁 교육 해소 방안 이행 추진

• '교육 제도 개혁' 관련 담당자 또는 담당 업무 신설
- 전국 민주진보교육감 공동 공약 이행위원회 제안 및 참여(청간)
- 정부, 국회, 시의회, 시민사회단체, 대학과의 협력 체계 구축(대외)
- 교육청 사업 부서별 업무 배정 및 기획 조정(대내)
- 교육청 내 공교육 정상화 담당 업무와 연계(본청)

당시에 이 백서는 주로 법령 제정을 제안하거나 협력 과제를 추진해야 한다는 내용을 넘어서는 구체적 실천 방안을 담

지 못했다. 바꿔 말하면, 교육청이 정책 시행의 주체가 된다기보다 사회적 여론을 환기하거나 (상급 기관 등에) 관련 정책을 촉구하는 역할에서 크게 벗어나지 못했다. 따라서 '이것이 교육청이 해야 할 일인가?'라는 의문을 제기할 수도 있다.

교육청은 교육행정기관의 최상위 기관은 아니다. 그래도 각 시도별로 교육청 정도의 기관이라면 나름의 행정력을 발휘할 수 있다. 10여 년 전부터 진보교육감이 여럿 당선된 이래 지금까지 이를 좀처럼 시도하지 못하고 있다는 것이 안타깝다.

# 교육감에게
# 쓰는 편지

 서이초 사건 당시 〈교육언론 창〉에 글을 보낸 것이 계기가 돼 한 달에 한 번 '오늘칼럼'이라는 꼭지에 필진으로 참여했다. 그러다 600여 명이 모여 있는 언론사 후원자들의 단톡방에서 어떤 분이 쓴 글을 봤다.

 "고통과 직면하는 건 해결해야 한다는 부담으로 힘듭니다. 그래서 다른 걸 붙들고 있을 때가 있습니다. (중략) 고통에 주목하고 부족한 대로 해법을 내고 실행하면서 보완하자는 생각을 가지고 있습니다. 도둑질만 빼고 다 해 보고 싶단 제 말에 최근 한 지인이 이렇게 답했습니다. '도둑질이라도 해야지요.' 난 그 사람만큼 절실하지 않나 봅니다. 절실함이 이긴다는데 다시 이 아침에 자문합니다. '난 절실한가, 부끄럽지 않을 만큼.'"

'절실한가, 나는 절실한가?'라는 질문이 뇌리에 꽂힐 때쯤 나는 댓글을 썼다.

"직면이 아닌 회피. 가장 본질적 문제인 입시 경쟁 교육에 대해 직면하지 않은 채 변죽만 울리는 수많은 입시 제도나 교육 사업은 도움이 안 되는 정도가 아니라 오히려 입시 경쟁을 심화하는 역효과로 나타나도 절실함이 사라진 요즘, 저도 도둑질 빼고 다 해야겠다는 다짐을 해 봅니다. 입시 경쟁 교육 해소를 교육부, 정부, 국회, 대학 등이 못 하겠다면, 제가 선 (장학사로서의) 자리가 행정 권한이 상대적으로 적지만, 또 그 권한이 아주 없지 않은 교육청에서라도 할 수 있도록 전국 17개 시도 교육감에게 편지라도 써야 할까 봐요. 절실함이 필요하다는 말씀에."

그러고는 정말로 행동으로 옮겼다. 실제로 편지를 썼는데, 기왕이면 편지를 신문에 싣고 말 것이 아니라 직접 전국의 교육감에게 종이 편지로도 보내자고 생각했다. 편지를 인쇄하고, 17개 시도 교육청 주소를 찾고, 라벨지를 붙이고, 봉투를 밀봉하고 다음 날 우체국으로 갔다. 교육감 누구라도 이 편지에 답장을 보내면 좋겠다고 생각했다. 그러나 쉽사리 그렇게 되지는 않을 것 같았다.

우선, 우편물이 제대로 도착하더라도 교육감에게 이 편지가 잘 전달될까? 교육감이 보고받아야 할 중요 문서가 간략하게 정리된 것만도 하루에 수십 건이다. 나처럼 각자의 요구를 담아 보낸 문건이 한둘이 아닐 것이다. 특히 선거 때면 각종 교육 단체가 업무협약의 형태로 공약에 담을 것을 요청하기도 한다. 평상시에도 각 부서의 접수 사항들이 많다. 교육감에게 도달되는 의회 요구 자료, 각종 민원, 요구사항이 정말 많다. 내 편지는 교육감실로 접수되는 유무형의 수많은 요청에 하나 더해질 뿐임을 아주 잘 알고 있다.

무엇보다, 편지의 마지막에 쓴 다섯 가지 제안은 말로는 쉬워도 막상 실행에 옮기기는 굉장히 어려운 것들이다. 교육청의 조직 개편 사항, 국회 차원의 법령 제정 촉구, 시민 연수 개설, 수업 지원 등은 너무나 추상적이고 방대한 문제다.

OOO 교육감님, 안녕하십니까. 인천교육청에서 근무하고 있는 장학사 이광국입니다. 코로나 위기 극복과 미래 교육 기반 구축 등 우리 교육 발전을 위한 헌신에 감사드립니다. 장학사로서 처음이자 마지막 편지이기에 절실함 담

- 〈교육언론[창]〉에 "교육감에게 쓰는 편지"라는 제목으로 실린 글(2024.6.11.)을 그대로 실었다.

아 사연 전해요.

교육감은 '교육기관'임을 우리 법은 명시하고 있습니다. 선출직이므로 공약이 중요한 성과평가의 요소이기도 하고요. 그래서 선거 전에 표방한 공약과 이념적 성향은 민심의 선택에 따라 존중돼야 한다고 생각합니다.

막상 교육청에서 일을 해 보니, 교육정책에서 진보와 보수는 정치·경제·사회에서 말하는 그것만큼 차이가 크지 않았습니다. 가령 '단 한 명의 학생도 포기하지 않는 교육'이 진보 교육만의 철학일까요? '학습 부진 학생의 기초학력 제고'가 보수 교육만의 가치일 수는 없습니다.

좌우의 양 날개로 날아가는 새처럼, 교육의 '진보'와 '보수'는 본질의 차이가 아니라 현안을 해결하는 방법론의 차이입니다. 그런 점에서 경쟁 교육의 패러다임을 넘어서고자 하면 교육계에서는 진보라 말하고, 경쟁 과정의 공정함을 추구한다면 보수라 할 수 있습니다(겉으론 진보나 보수임을 자처하면서 실상 반교육적 정책을 꾀하는 경우는 논외로 하고요).

최근 10년 간의 교육감 선거 결과를 보면 진보 교육에 대한 민심의 열망이 훨씬 더 강했습니다. 그에 조응하듯 지금으로부터 6년 전, 교육감 선거를 한 달 정도 앞둔 시점에서 당시 진보 성향의 교육감 후보 15명은 아래와 같이 4개 항으로 이뤄진 공동 공약을 발표합니다.

1. 입시 경쟁 교육 해소
2. 학교 민주화와 교육 자치 활성화
3. 교육 복지와 학생 안전 강화
4. 평화교육과 성평등 교육 강화

이 공동 공약 중에서 제1호가 바로 '입시 경쟁 교육 해소'입니다. 그에 따른 세부 과제로 가장 먼저 제시된 내용도 '학생들의 입시 고통을 완화하는 입시 제도 수립 및 대학 서열 체제 해소'였고요.

교육청이 실행하기에 만만치 않은 과제입니다. 하지만 당시는 연인원 약 1,700만 명이 참여한 촛불집회의 힘으로 부정한 권력을 몰아낸 시기였습니다. 그래서 촛불혁명 또는 교육혁명 등의 단어가 어색하지 않았어요. '촛불교육감'이라는 표현도 자연스럽게 등장했습니다. 그래서 정부나 국회, 대학 등 어느 곳에서도 진정한 교육혁명의 시발점이 되기를 주저할 때, 한계가 있다 해도 적지 않은 행정 권한을 가진 교육감 후보들이 함께 힘을 모으려는 시도 자체가 특정 후보에 대한 지지 여부를 떠나 매우 신선했습니다.

그 선거에서 진보교육감을 표방한 15명의 후보 중 14명이 당선됐습니다. 민심은 입시 경쟁 교육에 대해 개선을 넘어 근본적 변화를 요구했다는 뜻도 됩니다.

교육청에서는 100% 공약 달성을 위해 성과평가 부서를 운용하는 등 많은 노력을 합니다. 보수·진보를 막론하고 공약을 통해 준비된 학생 복지, 교육 안전망, 기초학력, 학교 자치, 마을공동체, 책임교육, 생태교육 등 현재 실현되고 있는 여러 공약은 우리 교육 수준을 크게 높였습니다.

나아가 주마가편의 심정으로 말씀드려요. 올림픽으로 비유하자면 예선을 통과한 셈인데, 가장 중요한 제1의 공동 공약인 '입시 경쟁 교육 해소'에 관해서는 사실상 공약 이행률이 0%에 가깝습니다. 이 공동 공약은 이행률 점검조차 하지 않았어요. 14개 지역 모두 마찬가지입니다. 결과적으로 선거용 구호에 그친 것이라면 이건 기만적이었다고 생각합니다.

'기만적이었다'라고 과거형으로 쓴 이유를 눈치채셨을까요? 그로부터 4년 임기는 그대로 끝났습니다. 그 직후, 그러니까 다시 치러진 2년 전 교육감 선거에서는 관련 공동 공약은 고사하고 '입시 경쟁 교육 해소'라는 문구 자체가 아예 공약집에서 사라집니다. 단 한 명의 교육감 후보도 이를 적극적으로 인용하지 않았어요. 공약과 실제가 일치(?)했다는 점에서 차라리 기만적이지 않았음을 다행으로 여겨야 할까요?

앞서 말씀드렸듯이 쉽지 않은 길임은 분명합니다. 하지만 바다가 썩지 않는 이유가 3%의 소금 때문이라고 해요. 힘든 길이더라도 누군가는 가야 할 길이고 또 누군가는 목소리 내야 하지 않을까요?

그 누구도 시도하지 않는다면, 그동안의 성과에도 불구하고 우리 교육은 과거로 회귀할 수밖에 없습니다. 수능, 논술, 서술형 평가, 적성검사, 내신 강화, 절대평가, 학생부종합전형, 입학사정관제 등 도입 당시엔 교육개혁의 상징이었던 수많은 개선안이 결과적으로 상황을 더 악화시켰습니다. 입시 경쟁 교육이 온존하는 한 그 어떤 좋은 정책도 결국은 그것의 병폐가 더욱 커지는 데 이용될 뿐입니다.

이후 등장한 고교학점제와 국제바칼로레아(IB)를 새로운 대안으로 이야기하지만, 저는 별로 믿지 않습니다. 그것의 의미와 철학을 폄훼해서가 아니라, 우리 교육의 척박한 토양을 갈아엎지 않는 한 자랄 수 없는 식물과도 같기 때문입니다. 상황이 이런데도 최근 교육부가 수능과 학업성

취도 평가의 학생 성적을 시·군·구 기초지자체 단위까지의 100% 전수 데이터를 개방한다고 발표하는 모습에 할 말을 잃습니다.

지역별 성적 줄 세우기 등 학교 서열화라는 우리 사회의 뿌리 깊은 병폐를 심화시킬 수 있다는 우려(전국교직원노동조합 성명, 5.28.), 고교서열화 및 사교육 조장(교사노동조합연맹 입장, 5.28.), 사교육 업체의 돈벌이 수단으로 이용될 수 있는(《경향신문》 사설, 5.29.) 현실을 직면하는 심정은 교육자로서 참담합니다.

학습에 국한된 문제만이 아닙니다. 정당한 교육활동을 하는 교원이 민원을 받거나 아동학대로 신고되거나 폭행당하는 현실입니다. 종례 시간에 학생들에게 차분히 인생의 교훈을 들려주거나 방과후에 학생 상담을 하려 해도 학원 시간에 늦는다며 항의를 받기도 합니다. 가정에서의 밥상머리 교육은 잘 되고 있나요? 인간화·시민성·사회화 교육에 필요한 시간은 '공부 시간이라는 절대 반지'의 맨 끝으로 밀려 버렸습니다.

입시 경쟁으로부터 파생된 이 '교육 붕괴'를 헤쳐 나갈 가장 큰 힘은 당연히 교육부에 있습니다. 정권의 기조에 흔들리지 않고 백년대계의 교육정책을 입안하기 위해 만들어진 국가교육위원회도 있고요. 그런데 두 곳 모두 시대적 역할을 기대하기 어려운 현실입니다. 그렇다고 손놓을 수 있겠어요? 전국 17개 교육감이 함께 모이는 시도교육감협의회에서라도 의제를 마련하고 정부에 제안할 수 있도록 해야 합니다. 그러나 이마저도 쉽지 않다면? '플랜 B'를 가동해야 합니다. 교육청 차원에서 뜻있는 교육감님께서 나서 주시기를 희망합니다. 필요성도 필요성이지만, 선거 공약으로서 시민들과의 약속이었고 당선을 위해 민심을 반영한 의제였기 때문입니다.

다음에 또 당선되면 꼭 하리라 다짐하며 몇 년 뒤로 이 도모를 유예하려는 마음도 이해합니다. 하지만 전례를 보면 '입시 경쟁 교육 해소'를 공약한 교육감 당선자가 재선 또는 3선의 임기를 마칠 때까지 그 누구도 결국 시도조차 하지 않았습니다. 당시 관련 공약을 공동으로 내걸었던 여러 현직 교육감도 아직은 마찬가지입니다.

오해 없기를 바랍니다. 앞서 말씀드렸듯 그동안의 교육 성과를 부정하는 게 아닙니다. 그건 그것대로 한국 교육사에 의미 있는 발걸음이었습니다. 한발 더 나아가 근본적 교육 문제에 대한 구체적 실천이 제대로 시작됐으면 하는 마음으로 아래 5가지 정책을 제안합니다.

첫째, 교육청에서 먼저 관련 업무나 부서 조직을 신설하고 시도 간, 지역 내 교육청, 대학, 산업체, 교육단체 및 국회, 의회 등 입시 경쟁 교육 해소 TF 및 연석회의와 같은 네트워크 구축이 필요합니다. 인력과 조직은 모든 도모의 출발점입니다.

둘째, 국·공립대 통합 네트워크 구축 기반 마련 및 공동학위제 등 대학 평준화 관련 입법, 공직자 지역할당제, 블라인드 채용 제도의 공기업 안착 및 민간기업 확대, 고졸 취업 안전망 구축, 학력 및 출신 학교 차별금지법, 학원 교습 시간 축소 등 관련 법령 제정을 위해 국회, 의회 등 입법기관과 협력해 주십시오. 제도 마련은 학부모 등 시민들의 인식 개선을 견인할 것입니다.

셋째, 과도한 학습 경쟁 또는 사교육 증가 등이 예견되는 교육부 정책이 있다면 이를 제어하는 목소리를 내 주십시오. 견제 없는 담론은 브레이크 없는 자동차와 같습니다. 우리 교육의 방향이 경도되지 않도록 교육감의 소신이 필요한 시기입니다.

넷째, 경쟁 교육의 부작용 및 혁신교육의 방향에 대해 학부모·시민·교육 구성원 연수 등 정례적 소통과 토론 공간을 마련해 주십시오. 성과를 잘 담아낸 전시성 행사도 좋지만, 공론의 과정에서 우리 교육의 그늘을 직면하고 함께 머리를 맞대며 해결 방안을 탐색하는 지속가능한 협의체를 마련하자는 것입니다. 그간의 혁신교육의 한계에 대한 냉정한 평가와 성찰도 뒤따라야 할 것입니다.

다섯째, 수업은 정량적 실적으로 산출될 수 없는 영역입니다. 그래서 성과 관리 측면에서 홀대받기 쉽지만, 사실 학교 교육 중 가장 기본이 되는 교육활동입니다. 학생 1명당 1년에 약 1,000시간의 수업을 듣는다고 해요. 각종 정책 사업이나 관련 이벤트도 좋지만, 궁극적으로 선생님들이 학교 수업과 교재 연구에 집중할 수 있도록 가장 큰 행정력을 발휘해 학교 및 수업 지원에 임해 주세요. 평범해 보이지만 사교육을 줄이는 가장 획기적인 방법이 될 것입니다.

교육감이라는 교육기관은 현안의 원만한 관리만으로도 결코 쉬운 역할이 아님을 잘 알고 있습니다. 다시 펼쳐질 새 땅에서 이 모든 것을 아우르며 참된 교육을 이끌어 갈 교육감님이 계시리라 믿습니다.

그 힘은 바로 입시 경쟁 교육을 갈아엎으려는 시도로부터 나옵니다. 파랑새는 먼 곳에 있지 않아요. 위기로부터 기회가 만들어지듯, 이건 작금의 현실이 요구하는 새로운 시대정신이 될 것입니다. 제게는 선배 선생님이셨을 많은 교육감님의 초심은 '행복은 성적순이 아니잖아요'를 유서로 남긴 학생의 약 30년 전 슬픔을 당신의 슬픔으로 그대로 받아안으셨던 젊은 날의 다짐과 눈물이었을 줄로 저는 지금도 믿고 있습니다.

긴 글 읽어 주셔서 감사합니다.

항상 건강하십시오.

# 시국 선언과
# 세종시교육감의 답장

 그로부터 다섯 달 뒤 정말로 답장이 왔다. 세종시교육감으로부터다. 실제로 이렇게 답장을 받게 될 줄은 생각하지 못했다.

 내가 편지를 쓴 것은 2024년 6월이었고, 교육감으로부터 답장을 받은 것은 그해 11월 말이었다. 둘 다 언론사 기고를 통한 공적 편지의 형식이었다. 그사이에 겪은 일이 하나 있는데, 교육감이 보낸 편지 내용을 이해하기 위해서는 그 일을 먼저 이야기해야 할 것 같다.

 최근 몇 년간 우리 사회는 아주 큰 어려움에 부닥쳤다. 그 정점은 12·3 계엄령이었다. 내란도 내란이지만, 윤석열의 탄핵 사유는 이미 차고 넘쳤다. 대통령 잘못 뽑은 대가는 실로 처참했다. 사회 각계의 시국 선언이 취임 초기부터 분출했다. 그로부터 시간이 지난 2024년 11월 초에 이른바 '명태균게

이트'가 터지면서 시국 선언은 다시 들불처럼 일어났다. 다만 교육계는 그 2년 남짓의 시간 동안 시국 선언의 대열에 쉽게 동참하지 못했다.

윤석열은 12·3 계엄령을 선포하기 한 달 전쯤 '대통령 대국민 담화 및 기자회견'을 했다. 나는 정말 그가 일말의 사과라도 할 줄 알았다. 아니 사과를 하긴 했다. 사태에 대한 진정성 있는 사과는 언감생심, 안 하느니만 못한 기만적 사과를 하는 모습을 보며 더 이상 침묵하는 것은 교육자의 양심에 반한다고 생각했다. 그날 밤을 꼬박 새워서 〈윤석열 퇴진 현직 장학사 1인 시국 선언〉을 썼다.•

"그는 이제 사실상 대한민국 대통령이 아니다."

윤석열 대통령이 그동안 자행한 일을 돌아볼 때 명예로운 퇴진은 애초에 어려웠다 하더라도, '11·7 대통령 대국민 담화 및 기자회견'은 스스로 물러남을 천명함으로써 더 이상 대한민국이 파국으로 치닫지 않을 수 있는 마지막 기회였다.

사퇴 천명은 언감생심, 진정한 사과는 고사하고 자신의

---

• 〈시민언론 민들레〉에 실린 당시 시국 선언문(2024.11.8.)을 그대로 실었다.

수많은 과오의 무게조차 인지하지 못한 채 지난 시절 '개사과'와 다름없는 기만적 언사와 현실 인식을 접하며 교육자로서의 양심에 따라 다음과 같이 시국 선언한다.

스스로 한 나라의 위기를 자초했다 해도 나라를 위할 수 있는 마지막 구국의 기회마저 걷어찬 것으로써 그는 이제 사실상 대한민국 대통령이 아니다. 하야든, 탄핵이든, 개헌이든, 직무정지든, 당선무효든 대통령 퇴진은 이제 대한민국 민심의 기본값이 되었다.

촛불집회와 더불어 각계에서 다시금 들불처럼 시국 선언이 번지고 있다. 그가 초래한 무수한 사회적 혼란에 대한 정화는 사회 각계에서 매우 신속하고도 집중적으로 이루어질 것이다. 문제는 그 이후다. 우리는 연인원 1,700만여 명의 촛불집회를 통해 부정한 권력을 몰아냈던 근래의 역사를 가지고 있다. 그럼에도 불구하고 그로부터 불과 10년도 지나지 않아 반복된, 아니 더 심화된 이 총체적 국난은 무엇을 의미하는가.

이태원 참사, 채 해병 사망 사건 수사 외압, 양평고속도로 비리, 김건희 씨의 명품 가방 수수와 도이치모터스 주가 조작 가담 등 이른바 '이채양명주' 말고도 강제 동원 제3자 배상안 강행 등 굴욕적 한일 관계, 양회동 열사의 죽음을 가져온 노동 탄압, 후쿠시마 오염수 방류 방조에 이어 최근의 공천 개입 의혹과 국정 농단, 그리고 무엇보다도 심각한 전쟁 위기 등 헤아릴 수 없는 역사의 퇴행을 도대체 우리는 어떻게 회복해야 하는가.

진흙 속 연꽃도 존재하겠지만, 민심을 이용한 정치인들의 속물적 권력 싸움에 우리 시민이 좌지우지될 일이 아니라는 것 또한 8년 전 촛불집회 이후 자명하게 드러난 현실이다. 전 세계적 우경화 현상과 사회 전반의 공동체성 붕괴는 우리 삶의 철학적 기반을 송두리째 앗아가고 있으며, 경쟁 사회의 잔혹한 풍경은 교육계로 고스란히 전이되고 있다. 미래를 이끌어 갈 세대가 오징어게임과도 같은 '입시전쟁'의 소리 없는 광포함으로 숨죽여 지내는 지금 이 순간, 사회 각계의 고통은 이를 미처 보듬을 수조차 없는 전무후무한 아노미로 귀결되고 있다.

정치권력의 단순한 교체를 넘어 공공성에 기반한 총체적 사회 변화가 요구되는 이유다. 약육강식 자본의 논리와 경쟁으로 점철된 대한민국 사회, 그리고 교육 체제 전반에 관해 미래지향적 관점에서 새로운 논의를 시작하기 위해 국민적 집단지성을 발휘해야 한다.

교육적 견지에서 볼 때, 윤석열 대통령과 영부인 김건희 씨의 일거수일투족은 현재 우리 사회의 가장 비교육적인 모습이다. 이를 그대로 둔 채 교육에 대해 말하는 것이 새로운 세대들에게는 기만으로 여겨질까 두렵다. 정치·경제·외교·안보·교육·문화 등 전 사회를 아우르는 일국의 지도자가 이렇게 부정, 부패, 비리, 무능이 끊임없이 계속되는데도 여전히 대통령 직위를 유지하고 있는 것 자체가 곧 중대한 헌법 위반이나 다름없다.

어두운 시대에는 어김없이 교육자들이 나섰다. 나는 비록 힘없는 한 명의 교육자이지만, 어둡다 못해 블랙홀과도 같은 이 시국에 대해 있는 그대로를 표현하는 것 또한 시대의 스승으로서 교육자가 해야 할 책무이자 아주 작은 교육적 노력이 될 수 있다고 생각한다. 더 이상 우리 대한민국이 파국으로 향하지 않도록 교육자, 그리고 시민의 한 사람으로서 간절한 마음으로 기원한다.


새벽이 됐다. 언론사에 글을 보내고 인터뷰를 했다. 2시간 정도 자고 일어났다. 마침, 그날은 학교 관리자 연수 사전답사를 위해 출장을 가는 날이었다. 아침 8시쯤 언론에 시국 선언문이 공개됐다. 그 뒤 출장지에 도착해서 동료 장학사와 함께 연수 장소를 정하고, 식사는 어디서 하고 연수 일정을 어떻게 쌀까를 상의하고 있는데, 주머니에 있는 휴대전화가 갑자기 뜨거워졌다. 열 곳 정도의 언론사에서 연락이 왔고, 직장 동료, 선생님, 친구, 가족과 친지 등 사방에서 계속 전화가 왔다. 언젠가 보이스피싱을 당한 적이 있는데, 그때만큼 전화를 많이 받았다.

포털사이트에 내가 쓴 시국 선언문이 중심 뉴스로 올라와 있었다. 사무실에 출근한 동료 장학사는 전화를 걸어 근심 가득한 목소리로 현재 교육청 사무실의 분위기를 알렸다. 힘을 내라고, 지지한다고 말하고 있었지만, 왠지 목소리에 힘이 없었다. 교육청 감사관실에서도 연락이 왔다. 나에 대한 자체 조사를 해야 한다고 했다.

훗날 들은 바로는 교육부가 교육청에 징계 처분 계획 제출을 요구했다고 한다. 개인 차원에서 불이익을 당할 수 있겠다고 생각했어도, 사회적으로 이렇게 파장이 커질 줄은 예상하지 못했다. 이미 교수 등 사회 각계의 수많은 사람들이 시국 선언을 한 뒤였고, 그에 비하면 1인 장학사 시국 선언은 미미했기 때문이다. 기자회견을 한 것도 아니고, 여럿이 함께한 것도 아니며, 단지 언론사에 한 편의 글을 보낸 것뿐이었다.

그 뒤 약 한 달 남짓, 지역의 일부 시의원들의 징계 요구와 이에 대한 내가 근무하는 교육지원청 기관장(교육장)의 입장

발표, 민원 항의, 극우 성향 단체의 고발에 따른 경찰 조사 등이 이어졌다. 그로부터 20여 일 뒤 계엄령이 터지고 나서는 주변의 거의 모든 사람으로부터 전폭적인 지지를 받았다. 선견지명이었다고. 하지만 그전까지 내 주변은 그런 분위기가 아니었다.

### 붙잡아 준다는 것

시국 선언 뒤 힘들었던 나를 버티게 한 주변의 숱한 도움을 잊지 못한다. 전교조 인천지부에서는 교육 당국이 나를 징계해서는 안 된다는 성명서를 냈다. 또 민주사회를위한변호사모임에서는 TF를 구성해 법률 자문을 해 주었다. 친구와 동료들은 술을 샀고, 탄원서 등 실질적으로 도울 방안을 마련해 보자며 함께 울었다. 하지만 상황이 어떻게 될지는 장담할 수 없었다. 나는 불안했다.

그때였다. 11월 27일 언론을 통해 세종시교육감으로부터 편지를 받았다.[•]

    지난 초여름 〈교육언론 창〉을 통해 보내 주신 편지에 답

---

• 이 편지는 〈교육언론 창〉에 실린 "[최교진 교육감의 답신] 이광국 경희샘님께"(2024.11.27.)이며, 이 글을 쓴 세종시교육감의 허락을 얻어 실었다.

신이 늦었습니다.

장학사님께서 보내 주신 편지는 우리나라 교육에 대한 고심을 헤아리기에 충분했습니다. 편지를 읽으면서 여러 차례 고개를 끄덕였고, 안타까운 현실에 긴 탄식이 나오기도 했습니다.

편지를 보내 주신 이후 장학사님께서는 지금의 시국을 걱정하는 선언문을 공개 발표하면서 교육자의 양심을 말씀하셨습니다. 퇴행의 민주주의를 걱정하는 심경에 저도 공감합니다.

저는 지난 2014년 '새로운 학교 행복한 아이들'이란 비전과 '생각하는 사람 참여하는 시민'을 교육 지표를 갖고 세종시교육감에 취임했습니다. 지난 10년 동안 학교 혁신과 학교 민주주의를 향해 달려왔고, 아이들과 학생들의 행복한 삶을 늘 고민했습니다. 어느새 세종시교육감으로 일을 한 지 10년이 지났습니다. 장학사님이 우려하고 있는 입시 경쟁 교육 해소의 더딘 속도에 여전히 마음이 무겁습니다.

장학사님이 제안해 주신 5가지의 정책은 충분히 이해하고 필요한 일이라고 생각합니다. 말씀하신 내용을 일일이 다 설명드리기에는 밤을 새워도 모자랄 것이란 걸 장학사님께서도 이해하실 것이라고 생각합니다.

우선은 제안하신 내용을 전국시도교육감협의회를 통해 공론화하고, 의제로 다룰 수 있도록 노력하겠습니다. 아울러 교육부와 국회 등 관련 부처와 전국 시도 교육청이 소통을 강화할 수 있도록 힘을 모으겠습니다. 세종시교육청에서는 입시 경쟁 교육 해소와 장학사님이 제안한 내용들이 충분한 논의가 이어지고, 담론의 불씨가 될 수 있도록 선도적인 역할을 해 나가겠습니다.

교육 문제가 교육계만의 문제가 아니라는 것도 잘 알고 계실 겁니다. 교육은 정치, 경제, 사회, 문화 등 각 분야와 깊은 연관이 있고 모두의 지혜가 필요한 일입니다. 이것은 보수와 진보의 문제도 아니고, 수도권과 지역의 문제만도 아닙니다.

학생들의 올바른 성장을 돕고, 학생들의 꿈을 온전하게 지켜갈 수 있도록 살피는 교육은 시민 모두의 관심과 참여로 실천해야 이룰 수 있는 일입니다.

저는 교육 현장의 힘든 현실을 거의 매일같이 접하고 교육 주체들의 다양한 의견을 듣고 있습니다. 안타까울 때가 있고, 화가 날 때도 있고, 지워지지 않는 상처에 같이 아파하는 날들도 많습니다.

장학사님께서 편지를 보내고 시국 선언을 한 것도 지금의 교육과 교육의 앞날을 크게 걱정하고 계시기 때문일 것입니다. 깊은 용기에 존경의 마음을 전하고, 다시 한번 저를 돌아보는 계기가 됐다는 점에서 깊은 감사의 말씀을 드립니다.

가는 길이 멀고 험해도, 앞길을 막는 이들이 있어 더디더라도, 가야 할 목표는 바뀌지 않아야 합니다. 학생들이 건강한 민주시민으로 자랄 수 있도록, 자신의 꿈을 향해 거침없이 달려갈 수 있도록, 학생 한 명도 소외받지 않도록 계속 힘을 모아 가겠습니다.

큰 목소리를 내지는 않지만, 주변에서 장학사님을 응원하는 분들이 많다는 것을 든든한 언덕으로 삼기를 바랍니다. 저도 교육감으로서, 인생의 선배로서 멀리서나마 장학사님께 박수를 보내드립니다.


이 편지가 당시 내게는 정말 큰 힘이 됐다. 누구든지 벼랑 끝에 있는 심정일 때 붙잡아 준다는 것의 의미를 생각했다. 그것이 설사 작을지라도 받아들이는 사람에게는 얼마나 큰 힘인지를 알았다. 세종시교육감의 편지가 그때 내게는 구원처럼 느껴졌다.

그 뒤 4월 4일에 윤석열이 탄핵됐다. 극우 성향 단체의 고발로 시작된 나의 시국 선언에 대한 경찰 조사 결과를 탄핵 직후에 받았다. '혐의없음'이었다. (공휴일을 빼면) 윤석열 탄핵 뒤 단 하루 만에 무혐의 통보를 받은 것이다. 만약 윤석열의 탄핵이 기각됐다면 나는 어떻게 됐을까? 모골이 송연해진다. 내란을 막고 헌법을 지킨 수많은 시민에게 고마운 마음이 크다.

# 뜻밖의
# 계기 교육·

2025년, 일선 학교로 평교사 발령을 받았다. 약 7년 만에 돌아온 학교는 2010년대 후반과는 달랐다. 학생들이 너무 바빠 보였다. 체육대회를 학생들과 함께 기획하려 했는데 쉽지 않았다. 수업 끝나면 학생들이 바로 학원을 가야 해서 도저히 긴 호흡으로 회의하고, 토론하고, 결정하고, 보완하고 할 시간적 여유가 없었다. 학생들은 마치 게임에서 미션을 수행하듯 살고 있었다.

그렇게 4월이 됐다. 기약 없던 윤석열 대통령 탄핵을 위한 헌법재판소의 선고기일이 4월 4일로 잡혔다. 탄핵 선고 전날

---

• 〈시민언론 민들레〉에 "탄핵 선고 TV 생중계 수업한 고교 교사 체험기"와 〈교육언론 창〉에 "나의 민주시민교육 계기수업 성공기"라는 제목으로 동시에 실린 글(2025.4.8.)을 보완했다.

에 전교조 본부로부터 연락이 왔다. 학교에 평교사로 발령받으면서 나는 다시 전교조에 가입한 상황이었다. 여러 언론에서 탄핵 선고 방송 계기 교육을 취재하려는데, 수업할 수 있는 선생님들(나를 포함해)을 알아봐 달라는 부탁이었다. '내일요? 제가요? 왜요?'라는 생각이 먼저 들었다. 나중에 알게 된 사실이지만, 먼저 타진한 여러 학교에서 어려워했다고 한다. 시간이 촉박하고 (서울은) 공문을 통한 교육청 안내가 제때 없었다는 것이 주된 이유였다. 계기 교육하는 것도 부담되는 판에 이를 언론에 공개하는 것은 쉽지 않은 일이다.

수업 촬영은 교과 교사로서 학급 담임선생님, 교감선생님, 교장선생님의 협조와 승인을 받아야 한다. 학생 동의 또한 필수다. 인터뷰가 이뤄질 것을 대비해 사전에 보호자 동의도 받아야 한다. 혹시 발생할 수 있는 민원을 어떻게 할 것인지도 고려해야 한다.

교장선생님께 이 말을 전했더니, 교장선생님은 재빨리 점심시간에 기획회의를 소집했다.

"교육청 공문에 근거해 우리 학교는 계기 교육을 실시하되, 그 시행 여부는 교과 선생님이 정하면 어떨까요?"

하루만 시간이 더 있었다면 전교직원회의 등을 통해 좀 더 나은 결정을 도출할 수 있었을 것이다. 하지만 모든 것이 완

벽할 수는 없다.

그 시각에 나는 나대로 최대한 빨리 촬영에 응할 선생님을 구해야 했다. 여러 언론사에서 계속 전화가 오기 시작했다. 저녁이 되니 취재 협조를 요청한 언론사가 6곳으로 늘어났다. 나 혼자 감당할 수 없어서 전교조 본부에 연락했다.

"소장님, 몇 군데에서 추가로 연락이 왔어요. 그나마도 다들 어렵다고 하셔요. 대변인실에서 직접 다른 데 알아보셔야 할 것 같아요."

"이곳에서도 연락해 보고 있는데 다들 어렵대요. 정 안되면 선생님이 혼자 하고 언론사가 공동 취재하도록 하면 어떨까요?"

눈물이 날 것 같았다. 바로 담임선생님과 교감선생님에게 전화로 이 상황을 말씀드렸다. 동시에, 마침 퇴근이 늦은 교장선생님에게 뛰어갔다.

교장선생님은 부담이 크다면서도 기꺼이 승인했다. 우리는 교장실에서 계기 교육 자료 초안을 함께 검토했다. 좀 더 뜻깊은 수업이 되려면 어떻게 해야 할까? 내일 교실 촬영에 대해서도 이야기했다. 학생들에게는 조회 시간 전에 동의를 구하기로 했다. 교사 인터뷰는 실명으로, 학생 인터뷰는 익명으로 하되, 사전에 보호자 동의를 받기로 했다. 사진이나 영상 촬영 시 카메라 각도를 잘 조정해서 학생들 얼굴이 드러나지 않도록 하자고 했다.

일단 플랜B는 마련해 놓은 셈이다. 다시 인천의 동료 선생님들에게 연락을 돌렸다. 역시나 어렵다는 답신이 연이어 도착했다. 이번에는 서울, 경기, 충북의 동료 선생님들에게 SOS를 쳤다. 그러자 이런 대답이 돌아왔다.

"우리 지역은 계기 교육 공문이 안 와서 언론사 인터뷰나 취재는 어려워요. 저도 교육감이 일선 학교에 공문을 안 보내는 것이 속상해요."

관련 공문을 발송하지 않은 교육청 다음으로 유감인 곳이 바로 서울시교육청이었다. 서울시교육감은 탄핵 선고 텔레비전 시청을 권고했다고 SNS를 통해 밝혔지만, 공문은 시행되지 않았다. 나는 기시감이 들었다. 서이초 사건 때도 일부 교육청에서 그랬다. 교육부의 압박과 학교 현장의 요구가 충돌하자, 교육감의 SNS 메시지와 공문의 내용이 불일치했다. 학교 현장은 더욱 혼란스러워했다. 비판이 거세져서일까? 결국 서울시교육청은 탄핵 선고일이 임박해서야 일선 학교에 공문을 보냈다(안 그래도 시간이 부족했는데, 학교가 체계적으로 계기 교육을 준비하기에는 공문 발송 시점이 너무 늦었다).

나는 늦은 밤까지 계속 연락을 시도했다. 수백 명의 교육자들이 있는 단톡방에 글도 올렸다. 몇몇 선생님이 호응했다. 하지만 이내 시간표를 떠올리며 하필 3교시가 공강이라고들 답했다. 또 교장선생님에게 이 늦은 시간에 연락하기가 어렵다, 학생들 동의를 받기가 어렵다고 답한 선생님들도 있었다. 결국 한 분을 섭외하는 데 성공했다. 자정을 넘으면서, 나머지 5개 언론사는 내가 감당하는 것으로 됐다.

### 살아 있는 민주주의, 교실에서 배웠다

선고 당일, 교실에 가서 학생들과 이야기를 나눴다. 학생들은 반가워하며 적극적으로 촬영에 동의했다. 익명으로나마 인터뷰하겠다는 학생도 여섯 명 나왔다. 곧바로 부모님 등 보호자에게 연락해 동의를 받도록 안내했다.

탄핵 선고 20분 전, 2교시 끝나고 나서 휴대전화를 보니 여러 통의 문자가 와 있었다.

"〈○○일보〉입니다. 이따 취재 나가려고요. 취재 유의 사항은 잘 숙지했습니다. 이따 뵙겠습니다."

'엥? 만나기로 하지 않았는데? 취재 유의 사항을 그 언론사엔 보낸 적도 없는데?' 아마 언론사 간에 내가 보낸 취재 유의 사항 문자를 공유한 것 같았다. 이렇게 문자만 보내고 온 3곳까지 해서 모두 7개의 언론사가 교실에 모였다. 나는 기자들에게 한마디 하지 않을 수 없었다.

"당일 30분, 1시간 전에 갑자기 취재하겠다고 통보하는 방식은 다음엔 꼭 지양해 주세요. 다만, 이번에는 사안의 중대성 차원에서 언론사 간 차별을 둘 수는 없으니 함께 교실에 입장하는 것으로 하시죠."

나는 기자들과 함께 교실로 올라갔다. 너무 떨렸다. 기자들은 뒷문으로, 나는 앞문으로 들어갔다. 학생들은 긴장한 표정이 역력했다.

우선, 미리 준비한 계기 교육 학습지를 학생들에게 나눠 주고 기자들에게도 배포했다. 이내 11시가 됐다. 헌법재판관이 선고문을 낭독하기 시작했다. 한참 걸렸다. 이윽고 11시 22분. "주문, 피청구인 대통령 윤석열을 파면한다"라는 목소리가 교실 모니터에서 흘러나왔다.

이때의 상황을 잘 묘사한 〈경향신문〉(2025.4.4.)의 취재 기사 일부분을 소개한다.

"이제 윤석열이 대통령이 아닌 거야?"

학생들이 4일 오전 11시 22분 수군거리기 시작했다. 문

• 이 기사의 제목은 "'윤석열 파면' 직접 본 고교생들은? '있는 그대로 받아들여야 한다'고 답했다"이다.

형배 헌법재판관이 "피청구인 대통령 윤석열을 탄핵한다"고 주문을 읽은 직후였다. 어떤 학생은 박수를 쳤고, 파면 선고가 놀랍다는 듯 입을 가리며 "우와"를 외친 학생도 보였다. 어떤 학급은 선고 직후까지 박수나 환호성 없이 숨죽여 지켜봤다.

이날 학교에선 계기 교육의 하나로 탄핵 심판 선고를 함께 보는 학교 민주시민 교육을 진행했다. 계기 교육은 학교 교육과정에 없는 소재나 주제를 교육할 필요가 있을 때 진행하는 비정규 교육이다. 학생들은 이날 책상에 교과서 대신 3쪽 분량의 계기 교육 자료와 펜만 올려놨다. '학교 민주시민 교육-대통령 탄핵 심판 선고와 민주적 의사결정 과정'이라는 제목의 교육 자료가 배포됐다. (중략)

학생들은 오전 11시 헌법재판관들이 심판정에 입장하자 탄성을 내며 집중하기 시작했다. 이후 22분 동안 스크린과 3쪽 분량의 계기 교육 자료를 번갈아 가며 살펴봤다. 졸거나 딴짓을 하는 학생은 없었다. 설명을 듣다 주변 친구들과 간혹 감탄사를 내뱉을 뿐이었다. 이 교사는 쟁점이 바뀔 때마다 주요 발언을 메모했다.

헌재의 선고가 끝나자 이 교사는 민주주의의 가치에 대해 5분간 설명했다. 이후 학생들은 계기 교육 자료에 담긴 질문에 답을 써 내려갔다. 이 교사는 헌재의 탄핵 선고 결과를 두고 각자 적은 답을 다 같이 읽게 했다.

학생들은 "대한민국 국민으로서 자연스럽게 받아들일 것 같다"거나 "있는 그대로 받아들인다" "좋게 받아들여야 한다" "드디어 탄핵이 되었다"고 적었다. 한 학생은 "민주주의 주권자로서 시민들이 적극적으로 의사 표현을 했기에 (오늘의 선고가) 실현이 가능했던 것 같다"고 했다.

부모의 동의를 받아 인터뷰에 응한 학생들은 탄핵 선고 영상 시청은 "낯선 경험", "흔치 않은 경험"이라고 했다. 어떤 학생은 "평소에 토론까진 하진 않았지만 친구들과 탄핵 관련 뉴스에 나온 이야기들을 공유했다"며, "민주주의에 대해 실시간으로 지켜보고 친구들하고 민주주의를 함께 공유한 것 같은 느낌이었다"고 했다

평소 학교에서 '정치적'이라는 딱지가 붙은 주제는 언급하기 어려웠다는 학생도 있었다. 또 어떤 학생은 "학교에선 정치 이슈를 공부하고 배우는 게 늘 벽이 있다고 느껴왔다"며 "사회 교과서에서 배웠던 역사적 사건에 함께 참여하고 의견을 나눠볼 수 있어 재밌었다"고 했다. 이 교사는 "학생들이 민주주의 시민으로서, 사회인으로서 성장하는 기회였으면 하는 바람이 있다"고 했다.

본의 아니게 공동 취재가 돼 버린 계기 교육은 〈MBC 뉴스〉에도 보도되면서 전국으로 송출됐고, 많은 언론사에서 우리 학교의 사례를 동시다발적으로 보도했다.

"함께 지켜본 교실…'이만한 민주주의 교과서 없다'(〈MBC 뉴스〉)."

"살아 있는 민주주의, 교실서 배웠다(〈경향신문〉)."

"尹 탄핵 생방송 교실에서 함께 본 학생들…'교과서보다 재밌네요'(〈인천일보〉)."

위 기사들 가운데 한 곳에 이런 댓글이 달렸다. "그야말로 살아 움직이는 교육이고, 우리의 운명을 우리가 선택할 수 있다는 자신감을 갖게 하는 계기가 된 것 같아 뿌듯합니다."

7년 만에 돌아온 나의 학교생활은 이렇게, 전혀 뜻하지 않은 방식으로 다시 시작됐다.

에필로그

# 아무도 끝까지
# 가 본 적 없는 길

27살, 두 번째 임용고사를 치르고 나서 이번에도 합격하기 어렵겠다고 생각했다. 나는 합격자 발표 며칠 전, 일기장에 이렇게 썼다. "학교 선생님만 선생님이 아니다. 대학 때 그러했듯 공부방이나 야학 선생님이 될 수 있다. 그렇게 가르치고 배우자." 그렇게, 무척 '선생님'이 되고 싶었다. 그런데 뜻밖에 합격하고 중학교 국어 선생님으로 첫 발령을 받았다. 그 뒤 사반세기 남짓 학교에 다니고, 장학사가 되고, 교감 자격을 얻었다. '왜 학벌 중심 사회는 내가 고등학생이었을 때나 지금이나 마찬가지일까?' 교사 되기를 갈망하던 그때나 지금이나 여전히 뇌리에서 떠나지 않는 질문이다.

'서연고 서성한 중경외시….' 각 대학의 첫 글자들을 이어 붙인 이 3음보 한시 같은 문장을 모르는 대한민국 고등학생은 아마 없을 것이다. '지균충, 수시충, 학종충…' 대학 안에서도 입학 전형에 따라 친구를 벌레로 부르기를 주저하지 않는다. 대학과 관련한 각종 인터넷 커뮤니티에서는 A대학이 B대학보다 서열이 높네, 낮네와 같은 논쟁이 끝이 없다.《꽃들에게 희망을》에 나오는 애벌레의 모습을 한국 교육에 투영하면, 그것은 우화적 상징이 아니라 현실을 살아가는 학생들의 실제 모습과 같다. 그렇게 학창 시절을 보내고 나처럼 어른이 되고 사회 구성원으로 자란다. 그렇게 '나'와 우리와 사회의 영혼은 벌레 먹듯 병들어 간다.

재수생 수와 사교육비는 해마다 사상 최대치를 경신하고 있으며, 7세 고시, 지역 간 인프라 격차, 부동산 문제 등 대학 서열 체제가 낳은 사회적 부작용이 갈수록 커지고 있다. 7세 고시 시험장에 못 들어가겠다며 울부짖는 유치원생을 밀어 넣는 학부모의 모습을 담은 한 방송사의 시사 프로그램은 사회에 적잖은 충격을 줬다.

무엇보다 심각한 것은 학교 구성원들의 계속되는 자살이다. 학생들과 교사들의 죽음이 끊이지 않고 있다. 이 책의 원고를 출판사에 넘기기 보름 전쯤 부산에서 3명의 고교생이 숨졌다. 그리고 불과 며칠 전, "찢거나 찢기거나 내 인생의 봄은 끝났다"라는 현수막을 내건 서울의 한 학원에서 고등학생이 투신했다. 2024년 한 해에만 목숨을 끊은 학생은 221명, 최근 10년간 자살한 교사는 168명이 넘는다. 한꺼번에 일어난 일이 아니라서 잘 느끼지 못할 뿐, 지금 학교는 세월호와 같은 대형 참사를 매일 겪고 있다.

## 나는 여전히 기로에 서 있다

최근 체육 수행평가를 하며 신기한(?) 경험을 했다. 체육 수행평가는 (다른 과목과 달리) 진정한 의미의 절대평가에 가깝다. 주로 실기시험이라서 한 학생이 수행평가를 하는 동안 다른 학생들은 구경을 하는 때가 있다. 이때 '나'보다 잘해도 (내 성적에 영향을 끼치지 않기도 하므로) 그 친구가 더 잘하기를 응원한다. 그것도 아주 열정적으로. 학생들이 이렇게 해맑다. 웃음이 끊이지 않는다. 학생들은 애벌레처럼 살아가지만, 그것은 보이는 모습에 불과하다. 학생들의 내면에는 나비의 날갯짓이 꿈틀거리고 있다. 나는 그것을 체육 수업을 통해 깨달았다. "결과적으로 진실된 교육을 받고자 하는 학생들의 학습권을 침해하는 잘못을 저질러 왔다"라는 성찰을 담은 36년 전 전교조의 〈창립선언문〉이 다시 떠올랐다. 가장 해결하기 어려운 경쟁 교육 문제에 대해 그동안 나는 얼마나 진지하고 치열했을까?

입시 경쟁 교육을 해소하는 길은 한국에서 단 한 번도 제대로 열린 적이 없다. 누구나 말은 하지만, 끝까지 걸어간 이는 없다. 이 길을 가려면 마음을 단단히 먹어야 한다. 패배가 예상되고, 살아 있는 동안 도달하지 못할 가능성이 더 크기 때문이다.

나는 여전히 기로에 서 있다. 2025년, 다시 평교사이자 활동가로서 학생들과 함께 학교에 있으며, 전교조 참교육연구소 '경쟁 교육 해소 연구팀'에서 일하고 있다. 내 삶이 어디로 흘러갈지 잘 모르겠다. 하지만 한 가지는 분명하다. 잘못된 교육으로 더는 학생이나 교사가 죽어서는 안 된다는 것. 이를 위해 내가 할 수 있는 일이 있다면, 어디서든, 무엇이든, 내가 선 자리에서 최선을 다하고 싶다.

나는 지금, 없던 길을 가고 있다. 이길 수 있을지를 따지기보다, 져도 괜찮다는 마음으로 밤하늘 별을 세듯 걸어가고 싶다. 내가 쏜 화살이 과녁에 닿았는지는 중요하지 않다. 그것은 햇살에 드리운 그림자처럼 뒤따라올 뿐이다. 이미 쏜 화살이나 그림자에 마음을 빼앗기기에는 내 삶이, 이 지구별에서 살아갈 시간이 너무도 짧다.